New 가나다 KOREAN

カナタ KOREAN 初級 ①

カナタ韓国語学院 著

国書刊行会

はじめに

　「カナタ韓国語学院」は設立以来、韓国語教授法や教材開発に尽力してまいりました。その集大成ともいえる『カナタ(가나다)KOREAN』シリーズは本校のテキストであり、体系的かつ実用的な内容から、多くの方々のご好評をいただいております。本書発刊よりはや10年を迎え、これまで培ってきた成果を集約し、この度新たに改訂版を出版する運びとなりました。

　『New カナタKOREAN』は、韓国語総合テキストとして韓国語コミュニケーション力の向上を目標に掲げており、1級から6級までの全6巻の刊行を予定しております。学習レベルと使用頻度を考慮して語彙と文法を段階的に配置し、学習効率をアップさせるため、イラストと写真を最大限に活用しました。また、外国の方が韓国で生活する際、実際に接する場面を重点的に取り上げることによって、より自然な韓国語を学習できるよう工夫しました。本書を通じて韓国語を効果的に学習することで、実生活で使える生きた韓国語をマスターできることでしょう。

　本書は旧版同様、英語版、日本語版、中国語版が出版されており、各巻ごとにリスニング力を伸ばすためのCDが付いています。また、本書副教材のワークブックも出版される予定です。

　本校教師陣の豊かな教授経験をもとに作られた本書が韓国語を学ぼうとする方々の実践的な学習に役立ち、韓国語を教える方々の参考となることを心より願ってやみません。本テキスト執筆陣は、今後も韓国語教育の発展および教材開発にいっそう努力してまいります。

　最後に、本書の出版にご協力くださったランゲージプラスの嚴泰相社長をはじめ、多くの方々に深く御礼申し上げます。

カナタ韓国語学院

 本書は韓国語を全く知らない学習者の方を対象に、カナタ韓国語学院の授業日程に合わせて構成されています。韓国語のスピーキング、リスニング、リーディング、ライティングすべての領域をバランスよく学習できるよう構成し、韓国人の日常生活や文化を理解することを基本目標としています。

全30課構成で、第1課から第3課までは「ハングル」を主に扱い、母音、子音そしてパッチムなどの発音を学習します。第4課から第30課までの各課の構成は次のとおりです。

— まず「会話」で会話の本文を繰り返しながら発音を練習し、新出単語と表現を勉強します。「会話」の本文および新出単語には日本語訳を付けてあります。

 「文法」では「会話」に出てきた文法の意味と用法を例文とともに説明してあります。

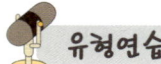 「類型練習」では使用頻度の高い基本文型についてイラストを見ながら練習できるようになっています。「類型練習」に必要な新出単語の日本語訳も載せてあります。

 「聞き取り練習」はその課で扱った文型や単語を聞いて理解し、初級レベルにおいても実生活での聞き取りに近い内容が学習できるよう構成されています。

 「読解練習」ではその課のトピックや場面に関連したストーリーや会話など多様なテキストを盛り込んだ読解問題を扱っています。新出単語の日本語訳もあり、本文の日本語訳は付録に別途収録してあります。

 「教室活動」では学習効果を高めるため、様々なスピーキング練習を取り入れています。

 「韓国文化探訪」は知っているとちょっとお得な韓国生活情報を中心に紹介しています。

 別冊付録には「聞き取り練習」や「読解練習」の解答、「聞き取り練習」のスクリプト、「読解練習」の日本語訳、動詞・形容詞活用表が掲載されています。

 CDに収録された「会話」、「練習」、「聞き取り練習」の本文を繰り返して聞くことにより、韓国語の発音とイントネーション、リスニング力を効果的に伸ばすことができます。

登場人物

야마다 토시오
山田俊夫（やまだとしお）

- 日本人
- カナタ韓国語学院の学生
- 23歳

김민지
キム・ミンジ

- 韓国人
- 大学生
- 21歳

제니 브라운
ジェニー・ブラウン

- アメリカ人
- 会社員（ユン・サンウと同じ会社）
- 30歳

리밍
リ・ミン

- 中国人
- 韓国の大学院に在学中
- 27歳

윤상우
ユン・サンウ

- 韓国人
- 会社員（ジェニーと同じ会社）
- 31歳

앙리 고티에
アンリ・コティエ

- フランス人
- 銀行員
- 35歳

스즈키 히로미
鈴木宏美（すずきひろみ）

- 日本人
- カナタ韓国語学院の学生
- 27歳

이리나 이바노브나
イリナ・イバノブナ

- ロシア人
- エンジニアとして韓国企業で勤務中
- 25歳

目次

はじめに		3
本書の構成		4
登場人物		5
教材構成表		8
ハングル		10

제1과	모음과 자음 1	母音と子音1	12
제2과	모음과 자음 2	母音と子音2	18
제3과	받침	パッチム	24
제4과	안녕하십니까?	こんにちは	30
제5과	이것이 무엇입니까?	これは何ですか	38
제6과	이 사람들은 누구입니까?	この人たちは誰ですか	48
제7과	야마다 씨, 무엇을 합니까?	山田さん、何をしますか	58
제8과	사장님 계십니까?	社長いらっしゃいますか	66
제9과	어디에 가십니까?	どこに行かれますか	74
제10과	휴대폰 번호가 몇 번입니까?	携帯電話の番号は何番ですか	82
제11과	은행이 어디에 있습니까?	銀行はどこにありますか	90
제12과	주말에 무엇을 하셨습니까?	週末に何をなさいましたか	98
제13과	동대문 시장이 어떻습니까?	東大門市場はどうですか	106
제14과	사과가 얼마입니까?	りんごはいくらですか	116
제15과	갈비 2인분하고 물냉면 두 그릇 주십시오	カルビ2人分と水冷麺2つください	124
제16과	아르바이트가 몇 시에 끝납니까?	アルバイトは何時に終わりますか	132
제17과	언제부터 그 회사에서 일하셨습니까? いつからその会社で働いていらっしゃいますか		140

제18과	그럼 5시 반에 극장 앞에서 만납시다 それでは５時半に劇場の前で会いましょう	148
제19과	하숙집에서 살기 때문에 요리를 하지 않습니다 下宿に住んでいるので、料理はしません	156
제20과	무슨 운동을 좋아합니까? どんな運動が好きですか	164
제21과	여행은 재미있었어요? 旅行は楽しかったですか	172
제22과	우리 내일 뭐 할까요? 私たち、明日何をしましょうか	180
제23과	졸업 후에 취직하려고 해요 卒業後に就職しようと思います	188
제24과	지금 가고 있어요 今、向かっているところです	196
제25과	히로미 씨도 올 수 있어요? 宏美さんも来られますか	204
제26과	죄송해요. 저는 가지 못해요 すみません。私は行けません	212
제27과	제 생일에 누나한테서 받았어요 私の誕生日に姉からもらいました	220
제28과	저는 보통 지하철로 와요 私はたいてい地下鉄で来ます	228
제29과	7번 출구로 나가세요 ７番出口から出てください	236
제30과	인삼이나 김을 선물해요 高麗人参や海苔をプレゼントします	244

解答	254
聞き取り問題	258
読解日本語訳	264
単語索引	269
文法索引	277
動詞・形容詞活用表　初級1	278
不規則動詞・形容詞活用表　初級1	282

教材構成表

	주제상황	기능	문법	듣기	읽기	활동	기타
1과	한글	·한글 읽기	·모음1 (ㅏ~ㅣ) ·자음1 (ㄱ~ㅎ)	모음·자음듣기	단어 읽기	단어 찾기	
2과	한글	·한글 읽기	·모음2 (ㅐ~ㅢ) ·자음2 (ㄲ~ㅉ)	모음·자음듣기	단어 읽기	단어 찾기	
3과	한글	·한글 읽기	·받침 ·이어읽기	받침 듣기	단어 읽기	단어 찾기	
4과	자기소개	·자기소개 하기 ·인사하기	1. -은/는 2. -이다 3. 저 4. 제	자기소개 듣기	안녕하십니까?	자기소개 인터뷰	(단어) 나라 (단어) 직업 (문화) 인사예절
5과	사물	·사물 이름 묻고 답하기 ·소유격 말하기	1. 이것/그것/저것 2. 무엇 3. -이/가 4. -의 5. -이/가 아니다	사물이름 듣기	그것이 무엇입니까?	리밍 씨의 휴대폰입니까?	(단어) 명사
6과	소개	·아는 사람 소개 하기 ·동사 격식체로 묻고 답하기	1. 이/그/저 2. 누구 3. -(스)ㅂ니다 4. -(스)ㅂ니까?	가족소개 듣기	결혼사진	이 사람은 누구입니까?	(문화) 한국인의 이름과 호칭 (단어) 가족 (단어) 동사
7과	생활	·목적어와 동사로 말하기 ·있다/없다 말하기	1. -을/를	사람의 동작 듣기	우리 교실	무엇을 합니까?	(발음) 발음규칙
8과	회사에서	·높임말로 묻고 답하기 ·명령형	1. -(으)시 2. -(으)십시오 3. -께서	높임말 문장 듣기	요즘 어떻게 지내십니까?	인사말을 찾으십시오	(문화) 한국말의 존대법
9과	길에서	·행선지와 목적 말하기 ·장소와 동작 연결 해 말하기	1. -에 2. -(으)러 3. -에서 4. 어디	장소와 동작 듣기	오늘 어디에 가십니까?	어디입니까?	(단어) 장소
10과	숫자	·전화번호·가격·날짜 등 말하기	1. 숫자1 2. 몇	숫자 듣기	제 생일은	숫자 빙고 게임	
11과	위치	·사물의 위치 설명하기	1. 어느 2. -에 3. -도	위치 듣기	제 방입니다	백화점 옆에 은행이 있습니다	(단어) 위치
12과	주말	·과거 사실 말하기 ·요일 말하기	1. -에 2. 언제 3. -았/었	일주일 생활 듣기	일기	무엇을 했습니까?	(단어) 시간
13과	시장	·형용사로 말하기 ·사실 나열하기 ·대립되는 사실 말하기	1. -고 2. -지만 3. 어떻다 4. 그리고	형용사 듣기	하숙집	무엇이 좋습니까?	(단어) 형용사 (단어) 과일 (문화) 시장 이야기
14과	가게	·물건 세기 ·단위 말하기 ·물건 값 묻고 답하기	1. 숫자2 2. -에 3. 'ㄹ'불규칙동사 ·형용사	수량 듣기	영수증	이거 얼마예요?	
15과	음식점	·음식 주문하기 ·명사 나열하기	1. -와/과 2. -겠	음식점 대화 듣기	한국 음식	음식을 주문합시다	(단어) 음식 (문화) 한국의 가정요리

	주제	기능	문법	듣기	읽기	활동	기타
16과	하루일과	· 시간 말하기 · 하루 생활에 대해 묻기	1. 시간(-시 -분) 2. -마다	시간 듣기	윤상우 씨의 하루	몇 시에 합니까?	(발음) 외래어
17과	기간	· 기간 말하기 · 이전의 사실 말하기	1. -부터 -까지 2. -기 전에	하루 생활 듣기	언제입니까?	언제부터 언제까지 합니까?	(단어) 기간
18과	약속	· 수업 후 친구와 약속 정하기 · 이후의 사실 말하기	1. -(으)ㄴ 후에 2. -(으)ㅂ시다	동작의 순서 듣기	문자 메시지	스케줄 만들기	(문화) 태권도
19과	취미	· 부정문 말하기 · 이유 말하기	1. -지 않다 2. -기 때문에	취미 대화 듣기	취미	취미가 무엇입니까?	(단어) 취미
20과	기호	· 좋아하는 것 묻고 답하기 · 부정문 말하기	1. 무슨 2. 안	기호에 관한 대화 듣기	야구를 좋아합니다	무슨 과일을 좋아합니까?	(단어) 운동 (문화) 한국의 영화
21과	여행 이야기	· 비격식체로 대화하기	1. -하고 2. -아/어요	여행 이야기 듣기	제 고향은	어디에 여행을 갔어요?	
22과	여행지에서	· 여행 일정 세우기 · 제안하기 · 동작 순서 말하기	1. -(으)ㄹ까요? 2. -고	퇴근 후 일정 듣기	언제 만날까요?	여행을 갑시다!	(문화) 여행지
23과	계획	· 예정, 계획 말하기 · 희망 말하기	1. -(으)려고 하다 2. -고 싶다	예정·계획 대화 듣기	제 꿈은	언제까지 한국말을 공부하려고 해요?	
24과	전화	· 전화 통화하기 · 동작 진행 말하기	1. -고 있다 2. 그래서	일반대화 듣기	여보세요	이 사람이 사진을 찍고 있어요?	
25과	초대	· 초대하기 · 가능 여부 묻기 · 상대방에게 자신의 행동 묻기	1. -(으)ㄹ 수 있다/없다 2. -(으)ㄹ까요? 3. 그런데	약속 대화 듣기	하숙집을 찾고 있어요	하숙집을 구합시다	(문화) 한국의 생일
26과	거절	· 불가능한 사정 설명하기	1. 'ㅇ' 불규칙동사·형용사 2. -지 못하다/못-	송별회 이야기 듣기	초대장	친구를 초대합시다!	(문화) 집들이
27과	선물	· 주고받은 것 이야기하기	1. -에게(한테) 2. -에게서(한테서) 3. -만	생일 이야기 듣기	선물	가족과 친구들에게 무엇을 선물했습니까?	
28과	교통수단	· 교통수단 말하기 · 대략적인 숫자로 말하기	1. 'ㄷ' 불규칙동사 2. 쯤 3. -(으)로	교통수단 대화 듣기	신촌? 시청?	젓가락으로 라면을 먹습니다	(문화) 대중교통
29과	길 찾기	· 찾아가는 법 묻고 답하기 · 조건·가정 말하기	1. -(으)로 2. -(으)면	길 설명 듣기	서울대공원에 어떻게 가요?	어떻게 갑니까?	(문화) 한국의 고궁
30과	귀국	· 선물 품목 제안하기 · 한국에서 아는 곳 소개하기	1. -(이)나 2. -거나	일반대화 듣기	선유도 공원	서울의 명소를 소개해 봅시다	

한글（ハングル）

　韓国語の文字を「ハングル」と呼ぶ。ハングルは15世紀に世宗大王の命で作られた。その目的は簡単で分かりやすい文字を作って、庶民の誰もが文字を使って読み書きができるようにするためであった。ハングルの形は子音が発声器官（唇、舌、喉など）を、母音は陰陽説に基づいて天(・)、地(ー)、人(丨)をかたどって作られている。

1) 母音

　韓国語の母音は単母音と2重母音から成り立っている。短母音は発音するとき発声器官の形が固定され、音が変わらない。2重母音は発音するとき発声器官の形が変化し、それに伴い音も変化する。

단모음 単母音	ㅏ	ㅐ	ㅓ	ㅔ	ㅗ	ㅚ	ㅜ	ㅟ	ㅡ	ㅣ
이중모음 二重母音	ㅑ	ㅒ	ㅕ	ㅖ	ㅘ	ㅙ	ㅛ	ㅝ	ㅞ	ㅠ	ㅢ

単母音の発音時の舌の位置と口の開き度合いは次の図のとおりである。

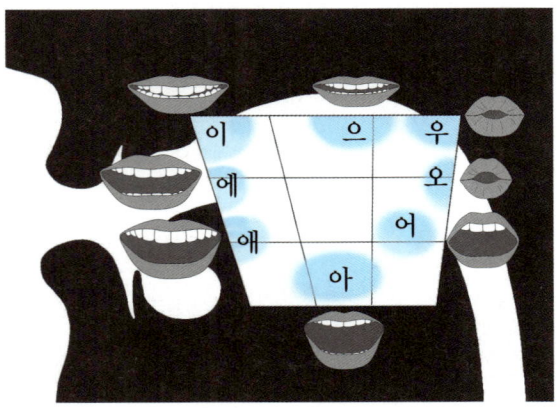

2) 子音

ㄱ	ㄴ	ㄷ	ㄹ	ㅁ	ㅂ	ㅅ	ㅇ	ㅈ	ㅊ
기역	니은	디귿	리을	미음	비읍	시옷	이응	지읒	치읓
ㅋ	ㅌ	ㅍ	ㅎ	ㄲ	ㄸ	ㅃ	ㅆ	ㅉ	
키읔	티읕	피읖	히읗	쌍기역	쌍디귿	쌍비읍	쌍시옷	쌍지읒	

韓国語の子音は発音する位置と方法によって次のように分類される。

調音方法			調音位置	両唇音	歯茎音	硬口蓋音	軟口蓋音	喉音
無声音	破裂音	平音		ㅂ	ㄷ		ㄱ	
		硬音		ㅃ	ㄸ		ㄲ	
		激音		ㅍ	ㅌ		ㅋ	
	破擦音	平音				ㅈ		
		硬音				ㅉ		
		激音				ㅊ		
	摩擦音	平音			ㅅ			ㅎ
		硬音			ㅆ			
有声音	鼻音			ㅁ	ㄴ		ㅇ	
	流音						ㄹ	

3) 音節の構造

ハングルは子音と母音が組み合わさって音を成すため、1音節は次のような構造になる。

母音のみ	→	아
母音+子音	→	약
子音+母音	→	가
子音+母音+子音	→	말

4) 文の構造

韓国語の文は最低1つの主語と述語によって構成される。主語は述語の前に来て、目的語は主語と述語の間に来るのが普通である。主語には主格助詞が、目的語には目的格助詞がつく。

	주 어 主語		목 적 어 目的語		서술어 述語	
I	이것이 날씨가 아이가	これが 天気が 子供が			연필입니다. 덥습니다. 잡니다.	鉛筆です。 暑いです。 寝ます。
II	제가 친구들이	私が 友達たちが	요리를 저에게 선물을	料理を 私にプレゼントを	배웁니다. 주었습니다.	習います。 くれました。

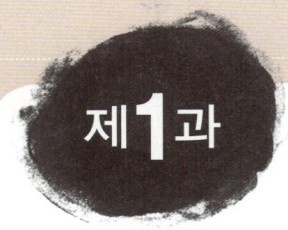

제1과 모음과 자음 1

1) 모음1 (母音1) 01-01

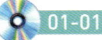

ㅏ	ㅑ	ㅓ	ㅕ	ㅗ	ㅛ	ㅜ	ㅠ	ㅡ	ㅣ
[a]	[ya]	[ə]	[yə]	[o]	[yo]	[u]	[yu]	[ɨ]	[i]
ㅏ	ㅑ	ㅓ	ㅕ	ㅗ	ㅛ	ㅜ	ㅠ	ㅡ	ㅣ
아	야	어	여	오	요	우	유	으	이

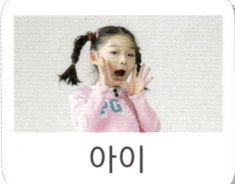

아이

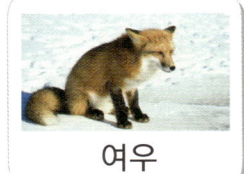

여우

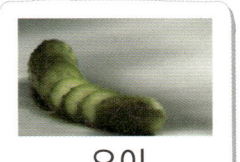

오이

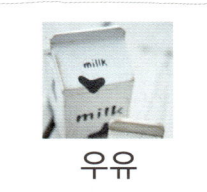

우유

2) 자음1 (子音1) 01-02

ㄱ	[k]/[g]	ㄱ	가	갸	거	겨	고	교	구	규	그	기
ㄴ	[n]	ㄴ	나	냐	너	녀	노	뇨	누	뉴	느	니
ㄷ	[t]/[d]	ㄷ	다	댜	더	뎌	도	됴	두	듀	드	디
ㄹ	[r]/[l]	ㄹ	라	랴	러	려	로	료	루	류	르	리

* 「ㄱ」は母音が右側にあるときは「ㄱ」，母音が下側にあるときは「ㄱ」のように書く。

ㄱ

가구

고기

아기

야구

ㄴ

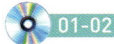

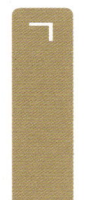

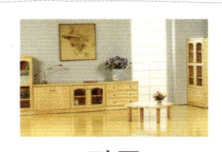

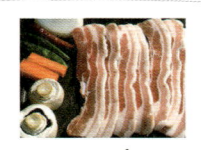

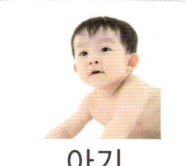

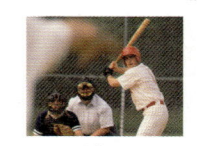

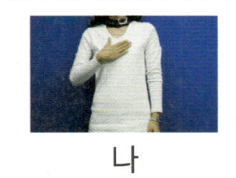

나

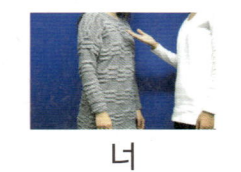

너

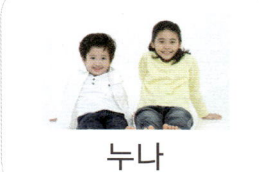

누나

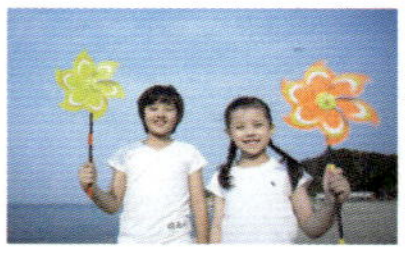

오누이

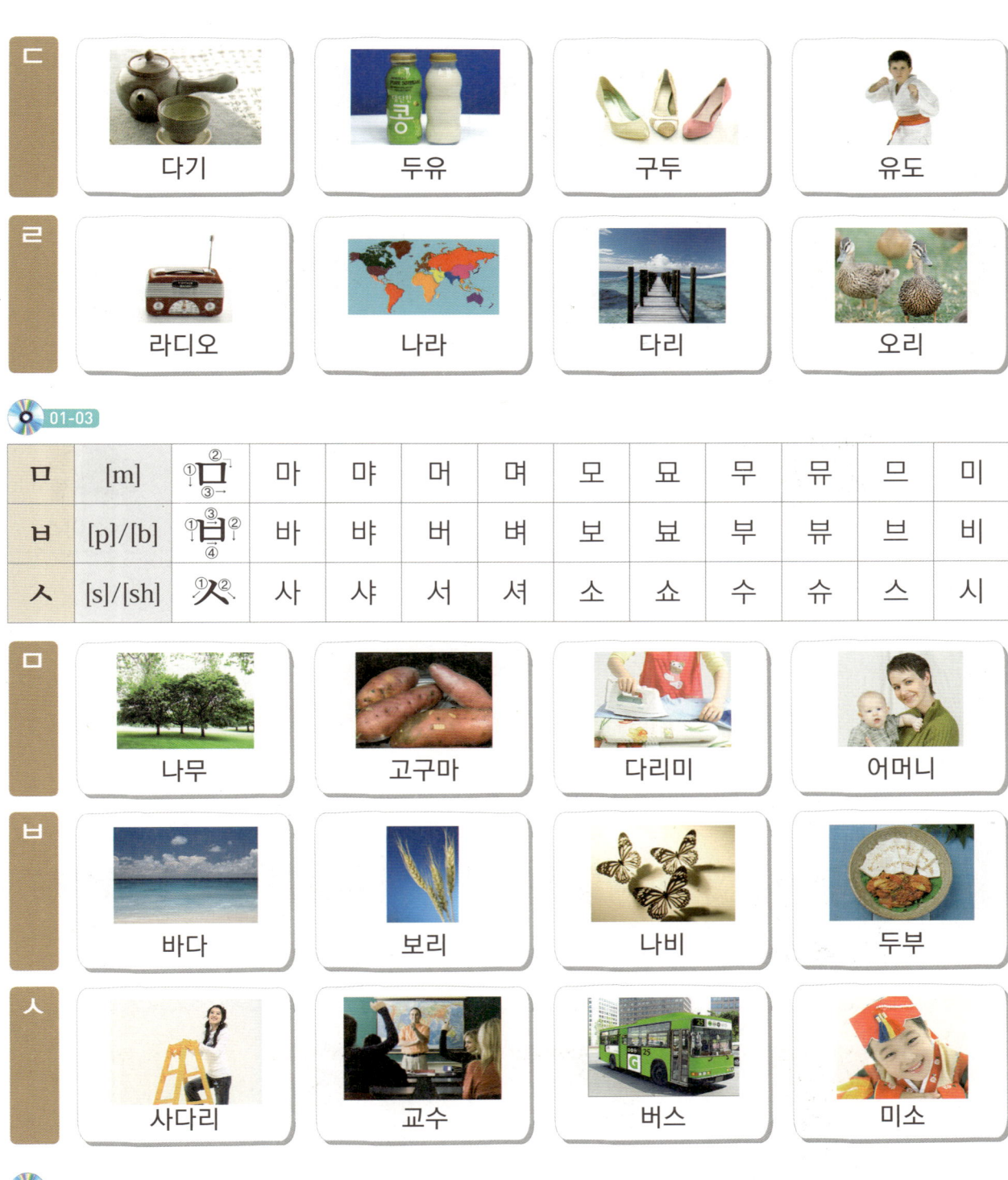

* 「ㅋ」は母音が右側あるときは「ㅋ」, 母音が下側にあるときは「ㅋ」のように書く。

ㅈ	    
	지도　　　　모자　　　　바지　　　아버지

ㅊ	    
	치마　　　　치즈　　　　차도　　　기차

ㅋ	    
	쿠키　　　　카드　　　코스모스　크리스마스

 01-05

ㅌ	[tʰ]	ㅌ	타	탸	터	텨	토	툐	투	튜	트	티
ㅍ	[pʰ]	ㅍ	파	퍄	퍼	퍼	포	표	푸	퓨	프	피
ㅎ	[h]	ㅎ	하	햐	허	혀	호	효	후	휴	흐	히

ㅌ	    
	타조　　　　투수　　　　버터　　　도토리

ㅍ	    
	포도　　　　피아노　　　커피　　　아파트

ㅎ	    
	하마　　　　호수　　　　휴지　　　호두

듣기

聞き取り練習

1 듣고 맞는 글자를 고르십시오. 次の内容を聞いて、正しい文字を選びなさい。 01-06

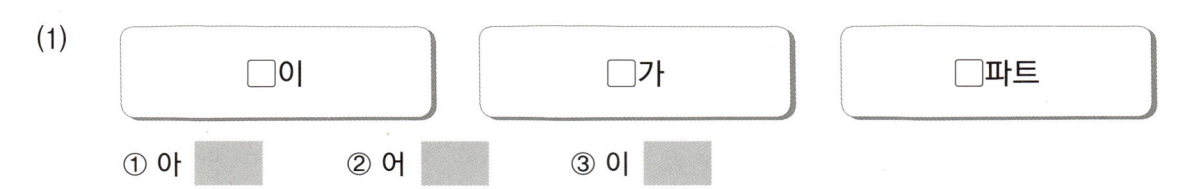

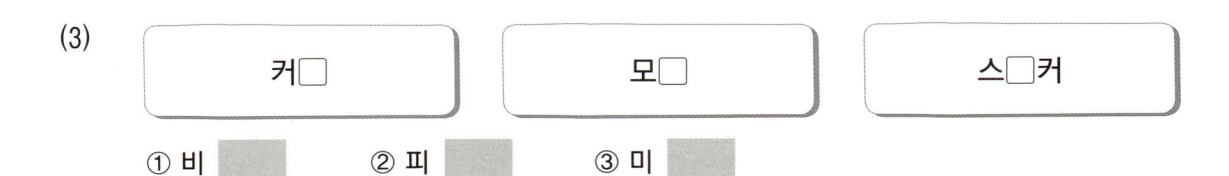

(1) □이 □가 □파트
① 아 ② 어 ③ 이

(2) □시 □자기 □토리
① 도 ② 토 ③ 두

(3) 커□ 모□ 스□커
① 비 ② 피 ③ 미

(4) 치□ 사이□ 비□니스
① 스 ② 즈 ③ 츠

2 듣고 맞는 글자를 고르십시오. 次の内容を聞いて、正しい文字を選びなさい。 01-07

(1) 아 　 어 　　　　(2) 오 　 우
(3) 어 　 여 　　　　(4) 으 　 이
(5) 아이 　 오이 　　(6) 아우 　 야유
(7) 우아 　 유아 　　(8) 여유 　 여우
(9) 가 　 다 　　　　(10) 누 　 루
(11) 모 　 보 　 포 　(12) 키 　 티 　 피
(13) 기차 　 기자 　　(14) 구두 　 누구
(15) 가시 　 가지 　　(16) 바다 　 파도

제**1**과 모음과 자음 1   15

읽기

発音練習

1 아래의 단어를 읽으십시오. 下の単語を読みなさい。

(1) 모음과 자음 1 (母音と子音1)

1 이유, 여유, 여아, 야유, 우아
2 가구, 여기, 거기, 고가, 이야기
3 누구, 나누기, 어느, 아니요, 오누이
4 오다, 가다, 어디, 드디어, 더구나
5 요리, 고려, 거리, 다르다, 이리저리
6 머리, 마루, 너무, 아무리, 어머나
7 바보, 비누, 바나나, 버리다, 부르다

8 서로, 뉴스, 다시, 고사리, 소나기
9 자리, 조사, 주스, 부자, 아주머니
10 차비, 치료, 추수, 주차, 차라리
11 켜다, 코, 코코아, 쿠키, 크다
12 타다, 투자, 토마토, 토스트, 오토바이
13 파티, 푸르다, 어차피, 스포츠, 아프리카
14 후추, 기후, 휴가, 더하기, 호루라기

활동

教室活動

1 단어를 듣고 고르십시오. (학생 1은 해답의 단어를 읽고 학생 2는 듣고 고릅니다.)
単語を聞いて選びなさい（ペアになって、1人が答えを読み、もう1人が聞いて選びます）。

아	두	구	바	마	모	자
버	이	두	모	지	치	커
포	도	도	라	스	지	마
비	파	지	디	커	피	버
피	누	거	오	타	지	스

2 고른 단어를 ( )에 쓰십시오. 選んだ単語を（　）に書きなさい。

(1) (아이)　(2) (　　)　(3) (　　)　(4) (　　)　(5) (　　)

(6) (　　)　(7) (　　)　(8) (　　)　(9) (　　)　(10) (　　)

 해답
(1) 아이 (2) 구두 (3) 바지 (4) 모자 (5) 버스
(6) 비누 (7) 라디오 (8) 치마 (9) 커피 (10) 포도

한글을 쓰는 순서　ハングルの書き順

ハングルを書く場合、次の順序で書きます。
❶ 上から下へ
❷ 左から右へ

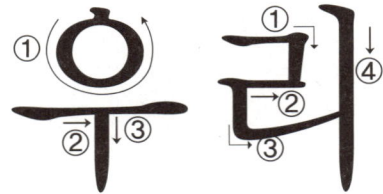　

제2과 모음과 자음 2

1) 모음2 (母音２) 02-01

ㅐ	ㅒ	ㅔ	ㅖ	ㅘ	ㅙ	ㅚ	ㅝ	ㅞ	ㅟ	ㅢ
[æ]	[yæ]	[e]	[ye]	[wa]	[wæ]	[we]	[wə]	[we]	[wi]	[ɨy]
ㅐ	ㅒ	ㅔ	ㅖ	ㅘ	ㅙ	ㅚ	ㅝ	ㅞ	ㅟ	ㅢ
애	얘	에	예	와	왜	외	워	웨	위	의

＊ 母音「의」は単語の第１音節では文字通り「의」で発音されるが、第２音節以下では「이」で発音される傾向にある。また子音と結合した「의」は「이」で発音され、所有格助詞「의」は「에」で発音される。

ㅐ

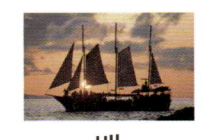

배

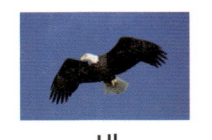

새

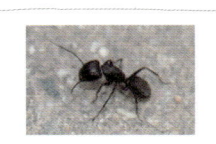

개미

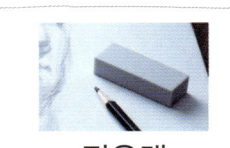

지우개

ㅒ

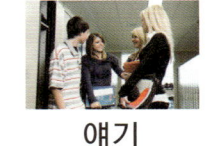

얘기

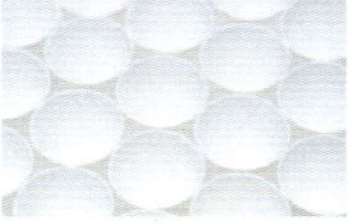

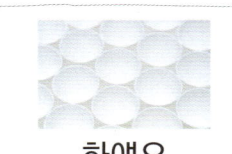

하얘요

ㅔ

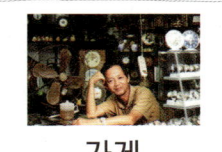

가게

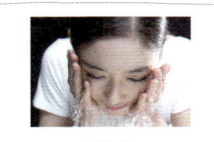

세수

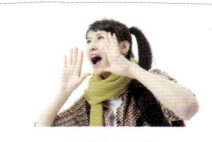

메아리

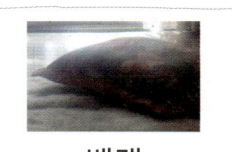

베개

ㅖ

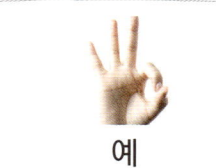

예

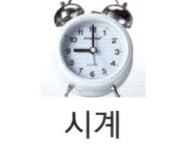

시계

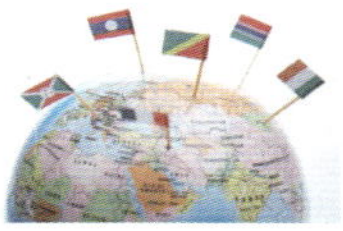
세계

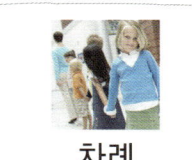

차례

2) 자음2 (子音2)

ㄲ	[k']	까	꺄	꺼	껴	꼬	꾜	꾸	뀨	끄	끼
ㄸ	[t']	따	땨	떠	뗘	또	뚀	뚜	뜌	뜨	띠
ㅃ	[p']	빠	뺘	뻐	뼈	뽀	뾰	뿌	쀼	쁘	삐
ㅆ	[s']	싸	쌰	써	쎠	쏘	쑈	쑤	쓔	쓰	씨
ㅉ	[ts']	짜	쨔	쩌	쪄	쪼	쬬	쭈	쮸	쯔	찌

 까치
 꼬리
 끄다
 토끼

 따르다
 뜨다
 메뚜기
 머리띠

 아빠
 오빠
 뻐꾸기
 예쁘다

 싸다
 쓰다
 쓰레기
 아저씨

 짜다
 쪼개다
 찌개
 버찌

듣기

聞き取り練習

1 듣고 맞는 글자를 고르십시오. 次の内容を聞いて、正しい文字を選びなさい。　02-03

(1) ☐나리　　지우☐　　무지☐
　① 개　　② 깨　　③ 캐

(2) ☐자　　사☐　　다☐회
　① 귀　　② 과　　③ 괴

(3) 교☐　　☐의　　사☐자
　① 화　　② 희　　③ 회

(4) 자☐　　뻐☐기　　☐러미
　① 구　　② 꾸　　③ 쿠

2 듣고 맞는 글자를 고르십시오. 次の内容を聞いて、正しい文字を選びなさい。　02-04

(1) 애　　얘　　　　　(2) 왜　　위
(3) 와　　워　　　　　(4) 위　　의
(5) 궤　　귀　　　　　(6) 회　　화
(7) 죄　　쥐　　　　　(8) 게　　걔
(9) 수　　쑤　　　　　(10) 까지　　까치
(11) 토끼　　도끼　　　(12) 찌개　　지게
(13) 가　　까　　카　　(14) 도　　또　　토
(15) 버　　뻐　　퍼　　(16) 지　　찌　　치

제2과 모음과 자음 2　21

읽기

発音練習

1 아래의 단어를 읽으십시오. 下の単語を読みなさい。

(1) 모음 2 (母音2)

1 개, 해, 노래, 시내, 지우개
2 걔, 쟤, 얘기
3 제사, 세배, 치료제, 카레라이스
4 예매, 예보, 폐, 계시다, 무례, 지혜
5 화해, 사과, 대화, 수채화, 화기애애

6 괘도, 왜가리, 유쾌하다
7 외부, 교외, 죄, 퇴비, 무쇠
8 뭐, 고마워요, 외워요, 배워요
9 웨이브, 화훼, 궤도
10 위, 뒤, 취미, 취소, 스위치
11 의미, 주의, 아이의 바지, 무늬, 저희

(2) 자음 2 (子音2)

1 꼬마, 꾸러미, 끄다, 도끼, 까마귀
2 또, 또래, 따르다, 귀뚜라미, 따라하다
3 뿌리, 삐다, 빠르다, 예쁘다

4 싸다, 쓰다, 싸우다, 이쑤시개, 아가씨
5 짜리, 쭈꾸미, 찌꺼기, 찌다, 가짜

22

활동

1. 단어를 듣고 고르십시오(학생 1은 해답의 단어를 읽고 학생 2는 듣고 고릅니다).
   単語を聞いて選びなさい（ペアになって、1人が答えを読み、もう1人が聞いて選びます）。

토	수	의	회	사	취	배
끼	찌	과	자	괴	시	계
자	개	뚜	쓰	뿌	세	해
시	의	돼	퀴	레	제	수
귀	의	치	지	수	기	주

2. 고른 단어를 ( )에 쓰십시오. 選んだ単語を（ ）に書きなさい。

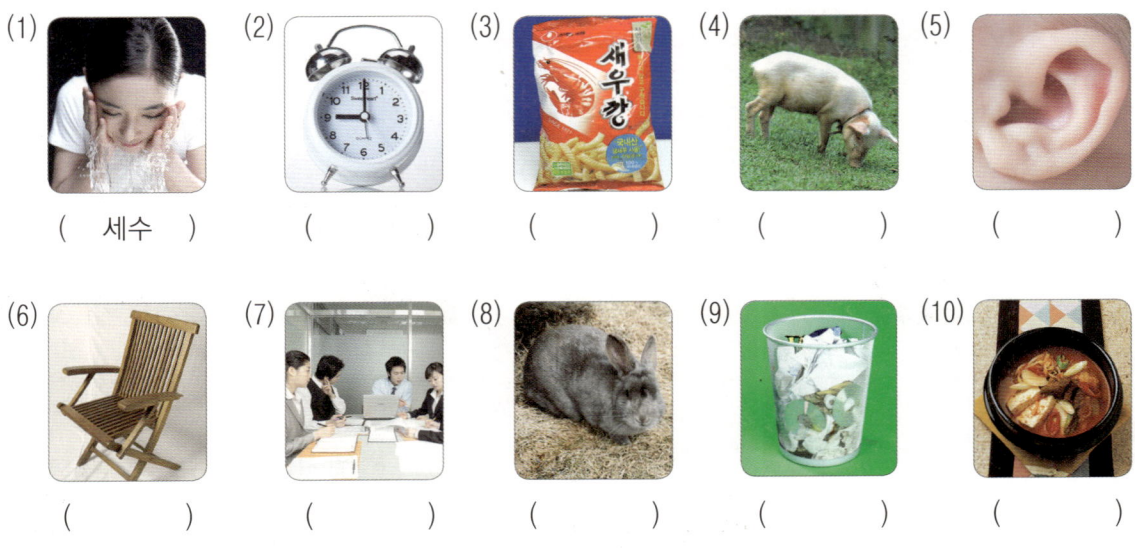

해답: (1) 세수 (2) 시계 (3) 과자 (4) 돼지 (5) 귀 (6) 의자 (7) 회사 (8) 토끼 (9) 쓰레기 (10) 찌개

제2과 모음과 자음 2

 받침

1) 받침1 (パッチム1)

すべての子音がパッチムとして使われるが、音節末であったり、子音が後続すると、パッチムは以下の7種類の代表音で発音される。

基本子音	発音	パッチム
ㄱ	[-k]	ㄱ, ㄲ, ㅋ
ㄴ	[-n]	ㄴ
ㄷ	[-t]	ㄷ, ㅅ, ㅆ, ㅈ, ㅊ, ㅌ, ㅎ
ㄹ	[-l]	ㄹ
ㅁ	[-m]	ㅁ
ㅂ	[-p]	ㅂ, ㅍ
ㅇ	[-ŋ]	ㅇ

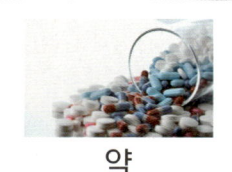 약
 낙지
 부엌
 밖

 눈
 산
 사진
 자전거

ㄷ	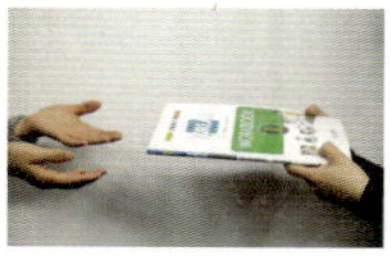 받다	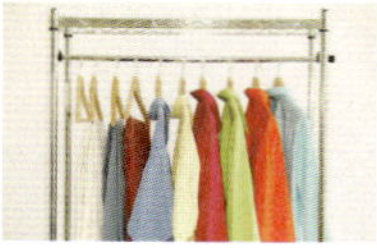 옷	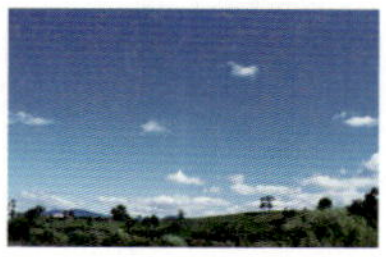 낮	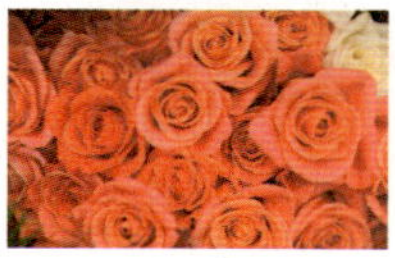 꽃
ㄹ	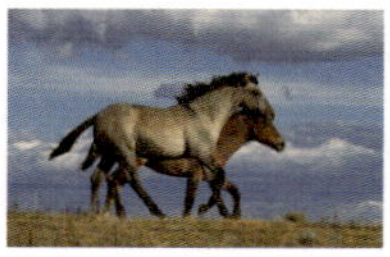 말	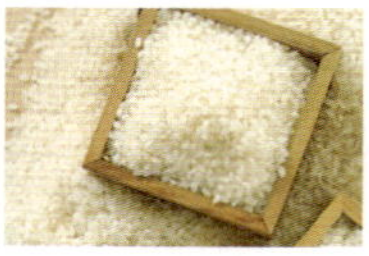 쌀	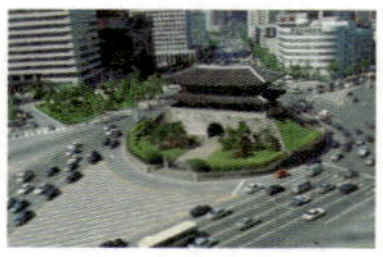 서울	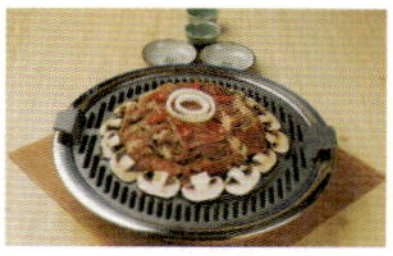 불고기
ㅁ	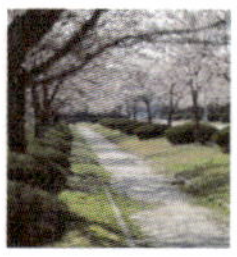 봄	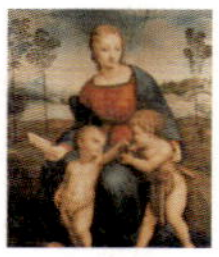 그림	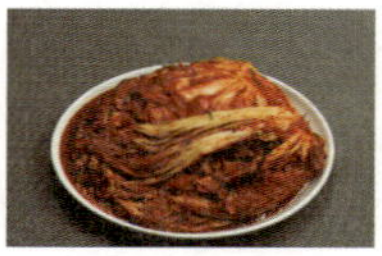 김치	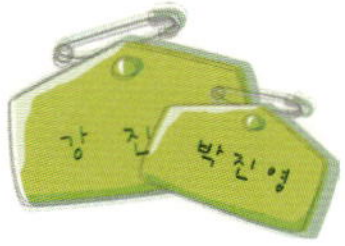 이름
ㅂ	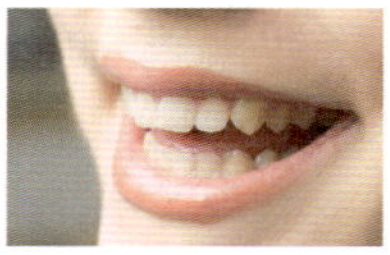 입	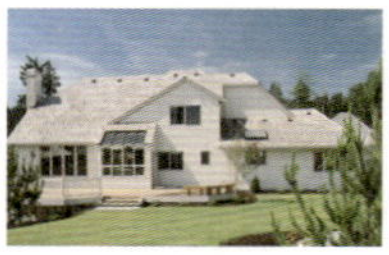 집	일곱	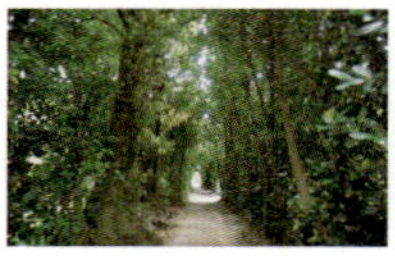 숲
ㅇ	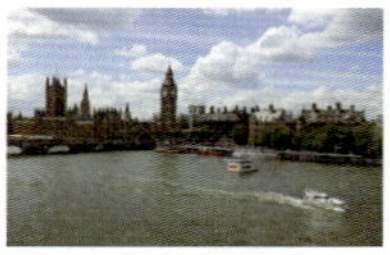 강	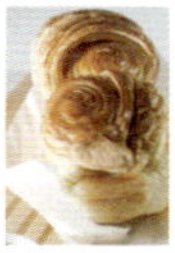 빵	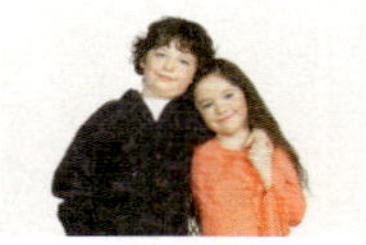 동생	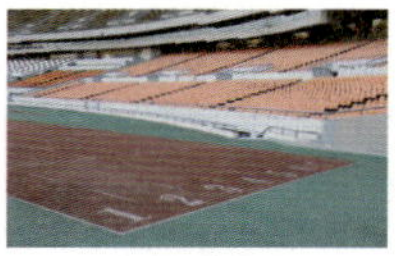 운동장

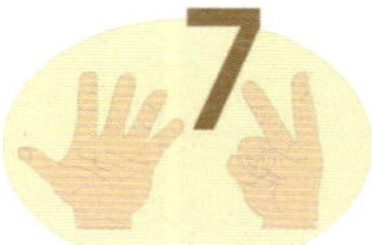

2) 받침2 (パッチム2)

パッチムに来る子音は最大2つである。音節末や子音が後続する場合、2つのうちの片方が発音される。

흙 [흑]　　　읽다 [익따]　　　앉다 [안따]　　　여덟 [여덜]
넓다 [널따]　젊다 [점따]　　값 [갑]　　　　　밟다 [밥따]

3) 이어읽기 (連音化)

パッチムの後に母音が続く場合はパッチムと次の母音を合わせて読む。

한국어 [한구거]　눈을 [누늘]　　꽃이 [꼬치]　　있어요 [이써요]
읽어요 [일거요]　넓어요 [널버요]　좋아요 [조아요]　싫어요 [시러요]

듣기

聞き取り練習

1 듣고 맞는 글자를 고르십시오. 次の内容を聞いて、正しい文字を選びなさい。　03-04

(1) □수　　방송□　　만□기
　① 국　② 굿　③ 굽

(2) □품권　　책□　　화□전화
　① 상　② 산　③ 삼

(3) □시회　　주□자　　한국어사□
　① 전　② 천　③ 청

(4) □쪽　　베트□　　미□미녀
　① 난　② 남　③ 납

2 듣고 맞는 글자를 고르십시오. 次の内容を聞いて、正しい文字を選びなさい。　03-05

(1) 손　솔　　　　(2) 점　정
(3) 꼭　꽃　　　　(4) 꿀　꿈
(5) 묵다　물다　　(6) 읽다　있다
(7) 박　밭　밥　　(8) 간　감　강
(9) 감이　갑이　　(10) 밥을　방을
(11) 짐을　집을　　(12) 꽃이　꽂이
(13) 밖이　밤이　　(14) 좋아　좇아
(15) 옆을　엽을　　(16) 웃어요　울어요

26

읽기

発音練習

1 아래의 단어를 읽으십시오. 下の単語を読みなさい。

(1) 받침 1 (パッチム 1)

1. 책, 가족, 학교, 북녘, 깎다
2. 돈, 언니, 친구, 한국인, 도서관
3. 낫, 낮, 낮다, 거짓, 있다
4. 길, 일본, 교실, 달력, 박물관
5. 사람, 인삼, 서점, 감기, 점심
6. 앞, 옆집, 높다, 월드컵, 삼겹살
7. 방, 냉면, 극장, 고향, 선생님

(2) 받침 2 (パッチム 2)

1. 흙, 읽습니다
2. 앉습니다, 많습니다
3. 짧다, 읽고
4. 젊다, 삶
5. 값, 없다

(3) 이어읽기 (連音化)

1. 책이, 미국에서, 학원, 목요일, 먹어요
2. 산에, 일본으로, 천원이에요, 눈이 와요
3. 받으세요, 닫아요, 얻은, 닫으십시오, 걷어요
4. 교실에서, 서울은, 월요일, 놀아요, 설악산
5. 사람이, 금요일, 음악을, 서점에서, 이름을 쓰세요
6. 밥을, 잡으십시오, 입이, 집에, 입어요
7. 이것이, 옷을, 씻으세요
8. 낮에, 찾으십시오, 잊어버리십시오, 빛이
9. 꽃이, 빛을, 낯이
10. 부엌에서, 동녘이
11. 밑에, 바깥으로, 밭에 가요, 얕아요, 같은
12. 앞으로, 옆에, 숲은, 깊이, 높아요
13. 밖에, 닦아요, 있어요, 했어요
14. 읽으십시오, 앉아요, 없어요, 짧아요, 많아요

제3과 받침

활동

教室活動

1 단어를 듣고 고르십시오(학생 1은 해답의 단어를 읽고 학생 2는 듣고 고릅니다).
単語を聞いて選びなさい（ペアになって、1人が答えを読み、もう1人が聞いて選びます）。

돈	샘	잔	학	생	면	냉
필	한	담	울	일	꽃	면
팔	통	곱	갑	삼	곱	병
김	신	겹	곰	강	겹	영
밥	창	문	잘	팝	물	살

2 고른 단어를 ( )에 쓰십시오. 選んだ単語を（ ）に書きなさい。

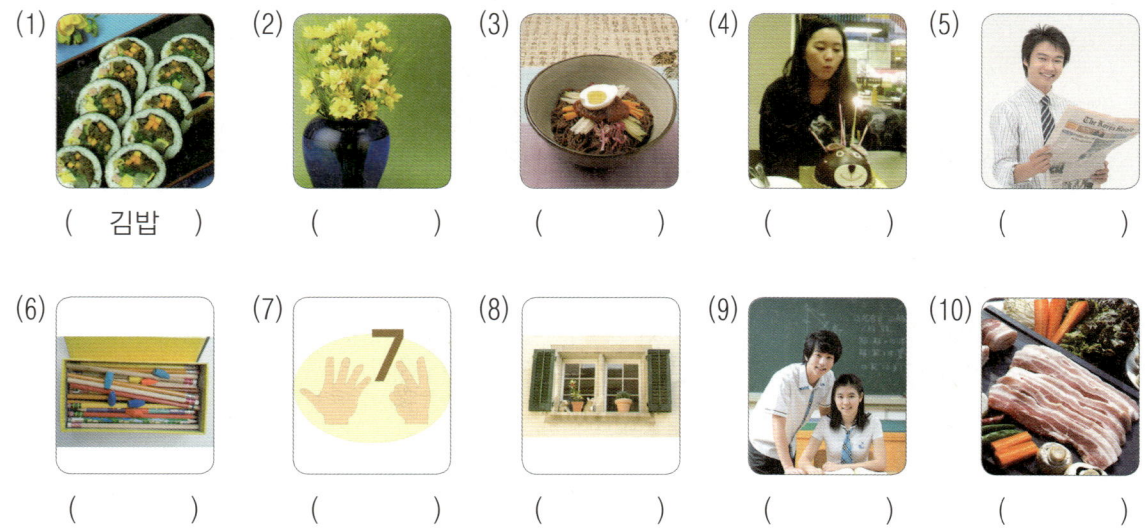

(1) (김밥) (2) (　　) (3) (　　) (4) (　　) (5) (　　)
(6) (　　) (7) (　　) (8) (　　) (9) (　　) (10) (　　)

해답: (1) 김밥 (2) 꽃병 (3) 비빔밥 (4) 생일 (5) 신문
(6) 필통 (7) 일곱 (8) 창문 (9) 학생 (10) 삼겹살

28

3 단어를 찾으십시오(한 사람은 단어를 말하고 다른 사람은 단어를 찾습니다).
単語を探しましょう（ペアになって、1人が単語を話し、もう1人が単語を探しましょう）。

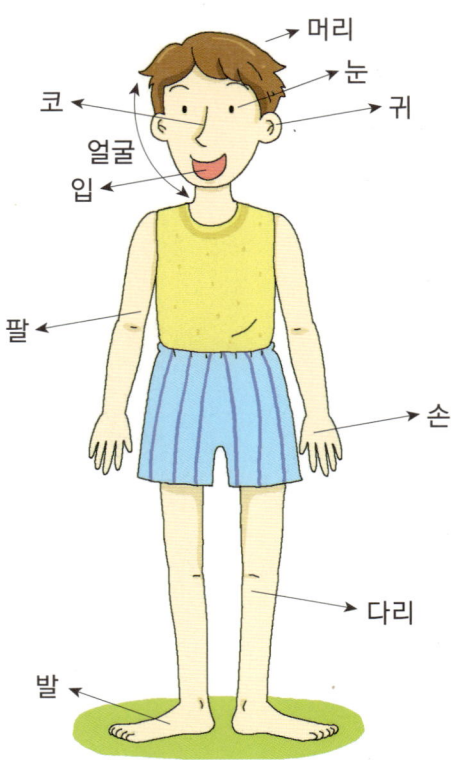

제4과 안녕하십니까?

🔊 04-01

야마다 : 안녕하십니까?

이리나 : 네, 안녕하십니까?

야마다 : 저는 야마다입니다. 일본 사람입니다.

이리나 : 반갑습니다. 제 이름은 이리나입니다.

● **단어와 표현** 単語と表現

- **안녕하십니까?** おはようございます／こんにちは／こんばんは
- **네** はい、ええ
- **일본** 日本
- **사람** 人
- **반갑습니다** お会いできてうれしいです。
- **이름** 名前

山田 ： こんにちは。
イリナ ： ええ、こんにちは。
山田 ： 私は山田です。日本人です。
イリナ ： お会いできてうれしいです。私の名前はイリナです

 文法

1 －은/는

→ 文で話の主題となる部分を表す助詞である。主語、目的語、副詞等につく。前に来る単語にパッチムがない場合は「-는」がつき、パッチムがある場合は「-은」がつく。

보기　저**는** 회사원입니다.　私は会社員です。

　　　이것**은** 교과서입니다.　これは教科書です。

　　　여기에**는** 아무도 없습니다.　ここには誰もいません。

2 －이다

→ 名詞が述語になる場合に使う。叙述形は「입니다」を使い、疑問形は「입니까?」を使う。

보기　제 이름은 이민준**입니다**.　私の名前はイ・ミンジュンです。

　　　저 사과는 500원**입니다**.　あのりんごは500ウォンです。

　　　이것이 무엇**입니까**?　これは何ですか。

3 저

↳ 一人称代名詞「나」の謙譲語である。

> 보기 **저**는 학생입니다.　私は学生です。
>
> 친구들이 **저**를 기다립니다.　友達たちが私を待ちます。
>
> **저**는 운동을 좋아합니다.　私は運動が好きです。

4 제

↳ 一人称代名詞「저」に所有格助詞「의」が結合したものである（第5課の文法4参照）。

類型練習

1　보기　중국 사람
중국 사람입니다.

(1) 한국 사람
(2) 인도 사람
(3) 일본 사람
(4) 미국 사람
(5) 필리핀 사람

2

04-03

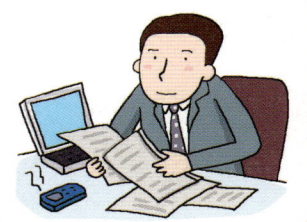

보기

회사원

회사원입니다.

(1) 대학생 (2) 의사 (3) 선생님

(4) 영화배우 (5) 주부

3

04-04

보기

야마다
제니

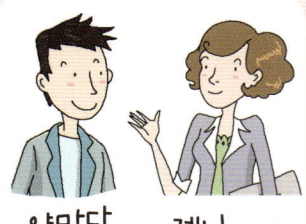

가 : 저는 야마다입니다. 반갑습니다.
나 : 제 이름은 제니입니다. 반갑습니다.

(1)
이리나
피에르

(2)
김수미
야마다

(3)
이지영
마이클

(4)
왕펑
김민지

(5)
리웨이
히로미

단어 単語

- 중국 中国
- 한국 韓国
- 인도 インド
- 미국 アメリカ
- 필리핀 フィリピン
- 회사원 会社員
- 대학생 大学生
- 의사 医師
- 선생님 先生
- 영화배우 映画俳優
- 주부 主婦

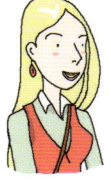

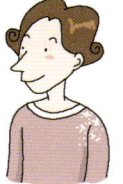

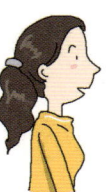

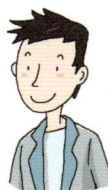

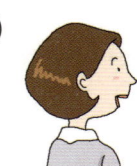

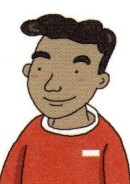

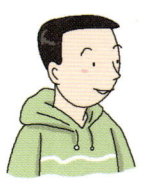

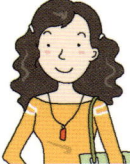

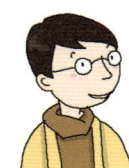

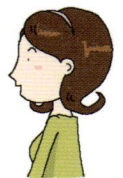

듣기

聞き取り練習

1 누구입니까? 듣고 이름을 쓰십시오.
誰でしょうか。名前を書き取りなさい。

(1) _____ (2) _____ (3) _____ (4) _____

(5) _____ (6) _____ (7) _____

다나카
일본 사람, 대학생

마리
프랑스 사람, 주부

왕웨이
중국 사람, 의사

김진표
한국 사람, 가수

제임스
미국 사람, 회사원

읽기

読解練習

안녕하십니까?

가 : 안녕하십니까?
나 : 네, 안녕하십니까?

가 : 안녕히 계십시오.
나 : 안녕히 가십시오.

가 : 안녕히 가십시오.
나 : 안녕히 가십시오.

1 위 글을 읽고 대답을 쓰십시오.
上記の文を読んで返事を書きましょう。

(1) 가 : 안녕하십니까?
   나 : _____

(2) 가 : 안녕히 계십시오.
   나 : _____

(3) 가 : 안녕히 가십시오.
   나 : _____

● **단어와 표현** 単語と表現

- 안녕하십니까? : 出会ったときのあいさつである。
  返事は普通「네, 안녕하십니까?」と返す。
- 안녕히 계십시오. / 안녕히 가십시오. : 別れるときのあいさつである。
  「안녕히 계십시오.」は相手を残して去るときに使う。
  「안녕히 가십시오.」は相手が去るときに使う。

단어 単語

□ 안녕히 계시다 お元気でいらっしゃる   □ 가다 行く

제4과 안녕하십니까?

활동

教室活動

자기소개

1 보기 와 같이 자기소개를 하십시오.
   보기 のように自己紹介をしましょう。

> **보기**
>
> 안녕하세요? 처음 뵙겠습니다.
> 제 이름은 제니 브라운 입니다.
> 저는 미국 사람 입니다.
> 회사원 입니다.
> 만나서 반갑습니다.

인터뷰

2 반 친구들에게 아래의 질문을 해서 사람들의 이름, 국적, 직업 등을 메모해 봅시다.
   クラスメートに次の質問をし、「名前、国籍、職業」などをメモしてみましょう。

□ 이름이 무엇입니까?　　□ 어느 나라 사람입니까?　　□ 직업이 무엇입니까?

이름	나라	직업	기타

나라 　国家

캐나다, 미국, 영국, 독일, 프랑스, 러시아, 대한민국, 중국, 일본, 대만, 태국, 인도, 필리핀, 베트남, 호주

직업 　職業

| 선생님 | 회사원 | 공무원 | 의사 | 약사 | 간호사 | 경찰관 |

| 가수 | 배우 | 요리사 | 미용사 | 주부 | 축구선수 | 기자 |

한국 문화 엿보기 　韓国文化探訪

あいさつの礼法

あいさつは目上の人や年配の人に会ったとき、相手に対する尊敬と光栄の意を表します。東洋式のあいさつの基本は절（お辞儀）です。あいさつをするには姿勢を正し、相手の目を見ながら、微笑むのが基本になります。状況によっては上半身を15～45度下げてあいさつしますが、大抵は30度ほど下げてあいさつします。頭をかしげるのではなく、腰から曲げるのが礼儀にかなっているといえるでしょう。このとき両手をきちんとそろえたり、ズボンの脇線付近に自然に置きます。場合によっては握手することもあります。

제5과 이것이 무엇입니까?

05-01

민 지 : 이것이 무엇입니까?

리 밍 : 한국어 교과서입니다.

민 지 : 리밍 씨의 책입니까?

리 밍 : 아니요, 제 책이 아닙니다.

● **단어와 표현** 単語と表現

□ 한국어 韓国語　　　□ 교과서 教科書　　　□ 책 本
□ 아니요 いいえ

ミンジ　　：これは何ですか。
リ・ミン　：韓国語の教科書です。
ミンジ　　：リ・ミンさんの本ですか。
リ・ミン　：いいえ、私の本ではありません。

문법　　　　　　　　　　　　　　　　　　　　　　　　　　　文法

1　이것/그것/저것

→ 物事を指すときに使う。話し手に近い物を指すときには「이것」、聞き手に近い物やすでに言及したことがある物、また知識としてすでに知っている物に関しては「그것」、両者から離れている物事には「저것」を使う。

보기　**이것**은 아주 좋습니다. これはとてもよいです。

　　　그것을 저에게 주십시오. それを私にください。

　　　저것은 누구의 모자입니까? あれは誰の帽子ですか。

2　무엇

→ 物事や事実について尋ねるときに使う。

보기　저것이 **무엇**입니까? あれは何ですか。

　　　무엇을 먹었습니까? 何を食べましたか。

　　　무엇을 좋아합니까? 何が好きですか。

제5과 이것이 무엇입니까?　39

3　-이/가

➥ 文の主語であることを表す主格助詞である。名詞の終わりにパッチムがない場合は「-가」を使い、パッチムがある場合は「-이」を使う。一人称代名詞「저」や「나」に主格助詞「-가」が接続すると「제가」や「내가」に変わる。

보기　이것이 연필입니다.　これが鉛筆です。

그분이 우리 어머니입니다.　その方が私の母です。

제가 영화표를 사겠습니다.　私が映画のチケットを買います。

4　-의

➥ 所有、所属を表す助詞である。会話ではよく省略される。一人称代名詞の所有格「저의」は「제」、「우리의」は「우리」の形が普通である。

보기　이것은 민수 씨의 공책입니다.　これはミンスさんのノートです。

이 사람은 제 친구입니다.　この人は私の友だちです。

여기가 우리 교실입니다.　ここが私たちの教室です。

	-이/가	-은/는	-의
나	내가	나는	내 (나의)
저	제가	저는	제 (저의)

5　-이/가 아니다

➥ 「-이다」（である）の否定形である。「-이/가」がついて「-이/가 아니다」の形で使われる。

보기　저는 의사가 아닙니다.　私は医者ではありません。

여기는 부산이 아닙니다.　ここはプサン（釜山）ではありません。

이것은 교과서가 아닙니다. 사전입니다.　これは教科書ではありません。辞書です。

유형 연습

1

보기

이것 / 컴퓨터
가: 이것이 무엇입니까?
나: 컴퓨터입니다.

그것 / 사전
가: 그것이 무엇입니까?
나: 사전입니다.

저것 / 칠판
가: 저것이 무엇입니까?
나: 칠판입니다.

(1) 이것 / 달력
(2) 그것 / 지갑
(3) 그것 / 지우개
(4) 저것 / 우산
(5) 저것 / 문

2

보기: 앙리 씨 / 모자
앙리 씨의 모자입니다.

(1) 야마다 씨 / 책상

(2) 리밍 씨 / 옷

(3) 저 / 친구

(4) 저 / 방

(5) 우리 / 선생님

3 보기

콜라 / 커피

가 : 콜라입니까?
나 : 아니요, 콜라가 아닙니다. 커피입니다.

(1) 교과서 / 사전

(2) 휴대폰 / 카메라

(3) 김치찌개 / 순두부찌개

(4) 미국 사람 / 프랑스 사람

(5) 학생 / 선생님

단어 単語

- 컴퓨터 コンピューター
- 칠판 黒板
- 사전 辞書
- 우산 傘
- 지갑 財布
- 지우개 消しゴム
- 달력 カレンダー
- 문 門
- 모자 帽子
- 책상 机
- 옷 服
- 친구 友だち
- 방 部屋
- 우리 私たち
- 콜라 コーラ
- 커피 コーヒー
- 휴대폰 携帯電話
- 카메라 カメラ
- 김치찌개 キムチチゲ（食べ物の名前）
- 순두부찌개 スンドゥブチゲ（食べ物の名前）
- 프랑스 フランス
- 학생 学生

듣기

聞き取り練習

1 그림을 보고 대화가 맞으면 ○, 틀리면 X 하십시오. 🔘 05-05
次のイラストを見て、会話と同じであれば ○、異なっていれば × をつけなさい。

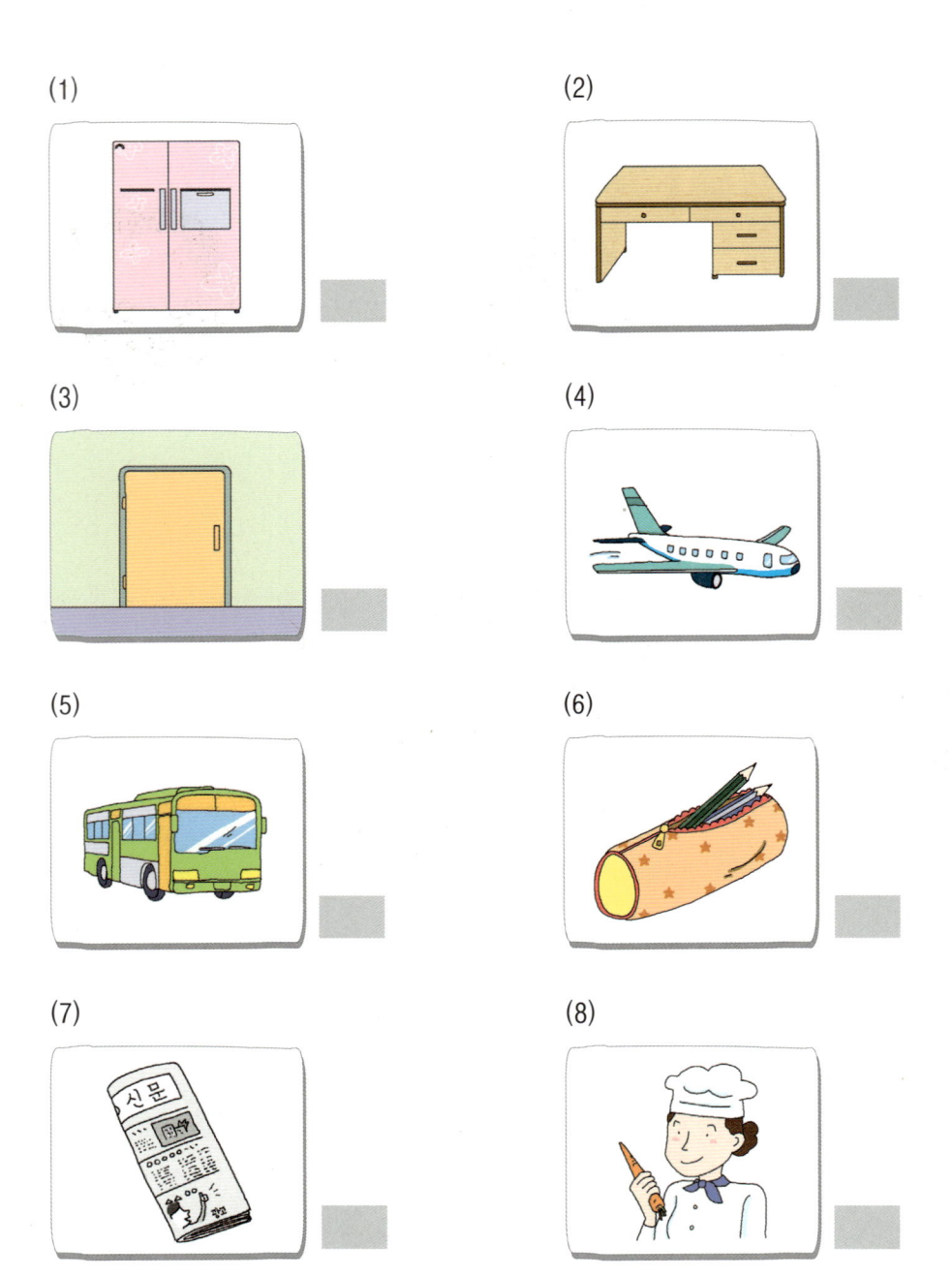

(1)

(2)

(3)

(4)

(5)

(6)

(7)

(8)

읽기

読解練習

그것이 무엇입니까?

마이클 : 그것이 무엇입니까?

선생님 : 이것은 전자사전입니다.
그것도 전자사전입니까?

마이클 : 아니요, 전자사전이 아닙니다.
이것은 카메라입니다.

선생님 : 저것이 무엇입니까?

마이클 : 저것은 휴대폰입니다.

1 그림을 보고 _____에 맞는 말을 쓰십시오.
イラストを見て、空欄にあてはまる言葉を選んで書きなさい。

> 이것   그것   저것

(1) 마이클 : _____이 무엇입니까?

  선생님 : _____은 에어컨입니다.

(2) 선생님 : _____이 무엇입니까?

  마이클 : _____은 수첩입니다.

단어 単語

□ 전자사전 電子辞書   □ 에어컨 エアコン   □ 수첩 手帳

제5과 이것이 무엇입니까?

활동

리밍 씨의 휴대폰입니까?

학생 1은 물건의 주인을 정해서 ☐ 안에 씁니다. 보기 와 같이 학생 2는 질문하고 학생 1은 대답합니다.

ペアになって、1人が持ち主を決め ☐ に書き込みます。보기 のようにもう1人が質問し、それに答えます。

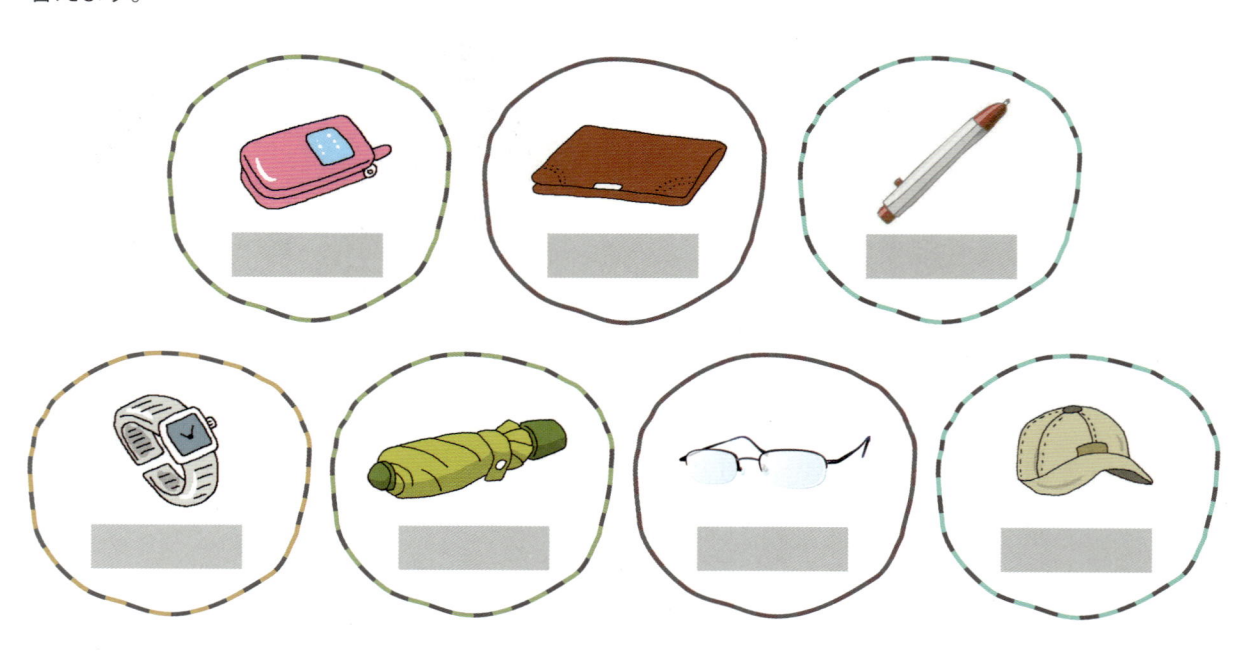

| 야마다 | 리밍 | 히로미 | 이리나 | 제니 | 앙리 | 선생님 |

보기

학생 2 : 이것은 ☐ 씨의 휴대폰입니까?
학생 1 : 아니요, ☐ 씨의 휴대폰이 아닙니다.
학생 2 : 그럼 누구의 것입니까?
학생 1 : ☐ 씨의 것입니다.

명사 名詞

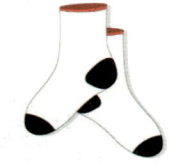

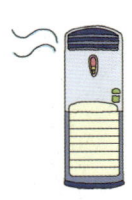

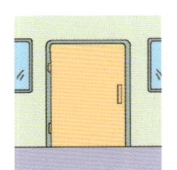

공책	연필	지우개	책	신문
구두	시계	지갑	양말	우유
맥주	텔레비전	냉장고	선풍기	에어컨
휴대폰	책상	의자	침대	문
택시	지하철	비행기	버스	기차

제6과 이 사람들은 누구입니까?

상 우 : 이 사람들은 누구입니까?

히로미 : 우리 학원 선생님들입니다.

상 우 : 누가 가르칩니까?

히로미 : 김영수 선생님이 가르칩니다.

● **단어와 표현** 単語と表現

□ **-들** たち　　　□ **학원** 学院　　　□ **가르치다** 教える

サンウ ： この人たちは誰ですか。
宏美　 ： 私たちの学院の先生たちです。
サンウ ： 誰が教えますか。
宏美　 ： キム・ヨンス先生が教えます。

문법　文法

1　이/그/저

→ 物事や人を指すときに使い、名詞が後続する。「이」は話し手から近い物や人を指す場合に、「저」は話し手と聞き手の両者から遠い場合に使う。「그」は話し手からは遠いが、聞き手には近い物や人を指す場合、またすでに話したことがある場合、お互いに知っている物事や人を指すときに使う。

보기　**이** 방에서 기다리십시오. この部屋でお待ちください。

　　　그 책이 한국어 교과서입니까? その本は韓国語の教科書ですか。

　　　저 사람은 아주 친절합니다. あの人はとても親切です。

2　누구

→ 人について尋ねる場合に使う。主格助詞「-가」がつくと「누가」になる。

보기　저 분이 **누구**입니까? あの方はどなたですか。

　　　누구의 가방입니까? 誰のかばんですか。

　　　오늘 **누가** 옵니까? 今日、誰が来ますか。

3 －(스)ㅂ니다

→ 現在の事実や一般的な事実を説明するときに使う。語幹末にパッチムがない場合は「-ㅂ니다」、パッチムがある場合は「-습니다」になる（説明参照）。

오다 : 오 + ㅂ니다 → 옵니다.
받다 : 받 + 습니다 → 받습니다.

| 보기 | 학교에 **갑니다**. 学校に行きます。

친구를 **만납니다**. 友だちに会います。

아이가 밥을 **먹습니다**. 子どもがご飯を食べます。

4 －(스)ㅂ니까?

→ 質問するときに使う。語幹末にパッチムがない場合は「-ㅂ니까」、パッチムがある場合は「-습니까」になる。

사다 : 사 + ㅂ니까 → 삽니까?
먹다 : 먹 + 습니까 → 먹습니까?

| 보기 | 어디에 **갑니까**? どこへ行きますか。

무엇을 **마십니까**? 何を飲みますか。

신문을 **읽습니까**? 新聞を読みますか。

<参考文法>

* 文の種類：叙述文、疑問文、命令文、勧誘文などがある。
動詞や形容詞の語幹（以降、「語幹」と呼ぶ）に文末語尾がつくことで、文の種類が決まる。
さまざまな形があり、かしこまった表現は次のとおりである。

	가다 行く		읽다 読む	
叙述形	-ㅂ니다	갑니다	-습니다	읽습니다
疑問形	-ㅂ니까?	갑니까?	-습니까?	읽습니까?
命令形	-십시오	가십시오	-으십시오	읽으십시오
勧誘形	-ㅂ시다	갑시다	-읍시다	읽읍시다

* 語幹（어간）：韓国語の動詞・形容詞は「-다」の形（가다、읽다）だが、「-다」を抜いた部分「가-」、「읽-」を語幹（어간）という。

유형 연습

1

보기

이분 / 우리 어머니

가 : 이분은 누구입니까?
나 : 우리 어머니입니다.

(1) 저 남자 / 제 동생　(2) 이분 / 제 아내　(3) 그 아이 / 다나카 씨 딸
(4) 저분 / 우리 사장님　(5) 이 사람들 / 제 친구들

2

보기

보다

가 : 봅니까?
나 : 네, 봅니다.

먹다

가 : 먹습니까?
나 : 네, 먹습니다.

(1) 사다　(2) 만나다 　(3) 공부하다 
(4) 받다 　(5) 읽다

3

보기

가르치다 / 김 선생님

가 : 누가 가르칩니까?
나 : 김 선생님이 가르칩니다.

(1) 전화하다 / 야마다 씨

(2) 오다 / 친구들

(3) 자다 / 아이들

(4) 운동하다 / 앙리 씨

(5) 먹다 / 동생

단어 単語

- 이분 この方
- 어머니 母、お母さん
- 남자 男
- 동생 妹、弟
- 아내 妻
- 아이 子ども
- 딸 娘
- 저분 あの方
- 사장님 社長（呼称）
- 보다 見る
- 먹다 食べる
- 사다 買う
- 만나다 会う
- 공부하다 勉強する
- 받다 受ける
- 읽다 読む
- 전화하다 電話する
- -씨 ～さん
- 오다 来る
- 자다 寝る
- 운동하다 運動する

듣기

聞き取り練習

1 누구의 가족사진입니까? 듣고 맞는 번호를 쓰십시오. 🔊 06-05
誰の家族写真ですか。次を聞いて正しい番号を選びなさい。

(1) _____ (2) _____ (3) _____ (4) _____

① ②  ③ 
④  ⑤

한국 문화 엿보기 韓国文化探訪

韓国人の名前と呼び方

韓国人の名前は名字の次に名前がきます。名字は1文字で、名前は2文字の場合がほとんどです。例えば「배용준」さんは、「배」が名字で「용준」が名前になります。人を呼ぶときには、名前の後に「씨」をつけて「배용준 씨」のように呼びます。また、少し親しくなると「용준 씨」とも呼びますが、「배 씨」とは呼びません。しかし、「사장님（社長）」や「선생님（先生）」などをつけて呼ぶ場合は、「배용준 사장님」、「배용준 선생님」や「배 사장님」、「배 선생님」とも呼べます。名前を知っている間柄の会話では、二人称代名詞「당신（あなた）」という言葉の代わりに、「용준 씨」や「배 선생님」のように名前を使って呼ぶのが一般的です。

제6과 이 사람들은 누구입니까?

읽기

결혼사진

우리 결혼사진입니다.
저는 김수철입니다. 회사원입니다.
이 사람은 제 아내입니다. 간호사입니다.
이분이 우리 아버지입니다. 공무원입니다.
그리고 이분이 우리 어머니입니다.
중학교 영어 교사입니다.

이분들이 제 아내의 부모님입니다.
그리고 이분이 아내의 할머니입니다.

이 남자는 제 형입니다. 대학교 교수입니다.
이 아이는 형의 아들입니다.

1 위 글을 읽고 _____에 맞는 말을 쓰십시오.
上記の文を読んで空欄にあてはまる単語を書きなさい。

(1) 우리 아버지는 _____입니다.

(2) 우리 어머니는 _____입니다.

(3) 제 아내는 _____입니다.

(4) 이 아이는 _____입니다.

(5) 이 사진은 _____입니다.

2 여러분의 가족을 소개하십시오.
皆さんの家族を紹介しましょう。

단어 単語

- 결혼사진 結婚写真
- 공무원 公務員
- 영어 英語
- 할머니 祖母、おばあさん
- 교수 教授
- 간호사 看護師
- 그리고 そして
- 교사 教師
- 형 (男性から見て) 兄
- 아들 息子
- 아버지 父
- 중학교 中学校
- 부모님 両親
- 대학교 大学

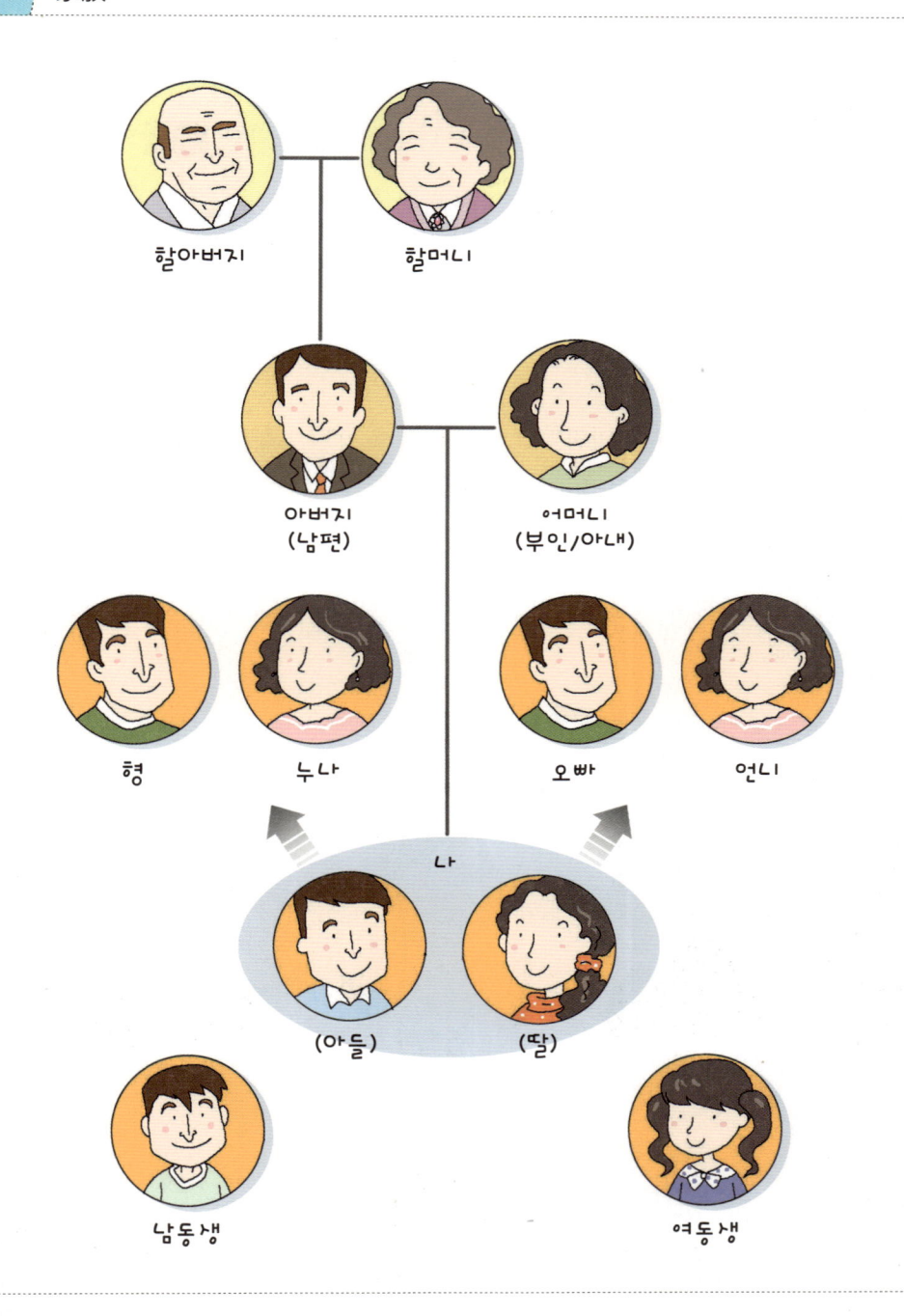

가족 家族

- 할아버지
- 할머니
- 아버지 (남편)
- 어머니 (부인/아내)
- 형
- 누나
- 오빠
- 언니
- 나 (아들) (딸)
- 남동생
- 여동생

제6과 이 사람들은 누구입니까?

활동

이 사람은 누구입니까?

한 사람이 아래의 사진 중에서 하나를 고릅니다. 다른 사람은 보기 와 같이 질문하면서 누구인지 맞힙니다. 서로 바꾸어서 해 봅시다.

ペアになって、1人が下の写真の中から1つ選びます。もう1人は 보기 のように質問しながら誰かを当てます。交替してやってみましょう。

보기

학생 1 : 이 사람은 여자입니까?
학생 2 : 아니요, 여자가 아닙니다. 남자입니다.

학생 1 : 배우입니까?
학생 2 : 네, 배우입니다.

학생 1 : 한국 사람입니까?
학생 2 : 네, 한국 사람입니다.

학생 1 : 배용준입니까?
학생 2 : 네, 맞습니다.

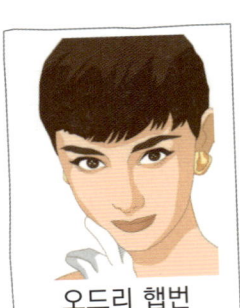

- 배용준
- 버락 오바마
- 장쯔이
- 이영애
- 박지성
- 비틀즈
- 오드리 햅번
- 톰 행크스
- 알버트 아인슈타인
- 마이클 잭슨

동사 動詞

가다	오다	사다	보다	자다
타다	만나다	앉다	받다	쉬다
쓰다	먹다	읽다	입다	주다
마시다	배우다	가르치다	기다리다	일하다
말하다	공부하다	운동하다	전화하다	이야기하다

제6과 이 사람들은 누구입니까?

제7과 야마다 씨, 무엇을 합니까?

민 지 : 야마다 씨, 무엇을 합니까?

야마다 : 한국말 숙제를 합니다.

민 지 : 숙제가 있습니까?

야마다 : 네, 매일 숙제가 있습니다.

● **단어와 표현** 単語と表現

□ 하다 します □ 한국말 韓国語 □ 숙제 宿題
□ 있다 ある □ 매일 毎日

ミンジ ： 山田さん、何をしますか。
山田 ： 韓国語の宿題をします。
ミンジ ： 宿題がありますか。
山田 ： はい、毎日宿題があります。

문법

文法

1 -을/를

→ 前の名詞が叙述語の目的語であることを表す目的格助詞である。パッチムがない名詞には「-를」を、パッチムがある名詞には「-을」を使う。

보기 이 버스를 타십시오. このバスに乗ってください。

저는 한국말을 공부합니다. 私は韓国語を勉強します。

그 사람은 운동을 좋아합니까? その人は運動が好きですか。

유형 연습

1

보기

비빔밥 / 먹다

비빔밥을 먹습니다.

(1) 빵 / 사다
(2) 주스 / 마시다
(3) 친구 / 만나다
(4) 텔레비전 / 보다
(5) 지하철 / 타다

2

보기

가 : 무엇을 읽습니까?
나 : 책을 읽습니다.

(1) 무엇을 마십니까? 
(2) 무엇을 삽니까? 
(3) 무엇을 입습니까?  치마
(4) 무엇을 탑니까? 
(5) 누구를 기다립니까?

3

보기

가 : 연필이 있습니까?
나 : 네, 연필이 있습니다.
  / 아니요, 연필이 없습니다.

(1) 사전이 있습니까?

(2) 한국 친구가 있습니까?

(3) 상우 씨는 형이 있습니까?

(4) 컴퓨터가 있습니까?

(5) 지금 시간이 있습니까?

단어 単語
- 비빔밥 ビビンバ（食べ物の名前）
- 빵 パン
- 주스 ジュース
- 마시다 飲む
- 텔레비전 テレビ
- 지하철 地下鉄
- 타다 乗る
- 입다 着る
- 치마 スカート
- 기다리다 待つ
- 연필 鉛筆
- 지금 今
- 시간 時間

제**7**과 야마다 씨, 무엇을 합니까?

듣기

1 듣고 맞는 번호를 쓰십시오. 07-05
次の文を聞いて、正しい番号を選びなさい。

(1) _____   (2)  _____   (3) _____

(4)  _____   (5)  _____   (6) _____

(7)  _____   (8)  _____   (9) _____

2 듣고 연결하십시오. 07-06
次の文を聞いて、線でつなぎなさい。

(1) 우리 아버지 •   • 맥주 •   • 하다

(2) 학생들 •   • 운동 •   • 보다

(3) 제 동생 •   • 한국말 •   • 마시다

(4) 김영수 씨 •   • 친구 •   • 배우다

(5) 저 •   • 영화 •   • 기다리다

읽기

読解練習

우리 교실

우리 교실입니다. 쉬는 시간입니다. 학생들이 쉽니다.

야마다 씨가 커피를 마십니다. 리밍 씨가 신문을 읽습니다.

제니 씨가 빵을 먹습니다.

이리나 씨가 전화를 합니다.

선생님이 오십니다. 쉬는 시간이 끝납니다.

수업을 시작합니다.

1 누구입니까? 위 글을 읽고 맞는 사람 이름을 ▢ 안에 쓰십시오.
誰ですか。上記の文を読んで合っている人の名前を ▢ に書きなさい。

단어 単語

- 교실 教室
- 쉬는 시간 休み時間、休憩時間
- 쉬다 休む
- 끝나다 終わる
- 수업 授業
- 시작하다 始める

제**7**과 야마다 씨, 무엇을 합니까?

활동

教室活動

무엇을 합니까?

보기 와 같이 두 사람이 질문하고 대답하십시오.
보기 のようにお互い質問し、答えましょう。

보기

〈보기1〉

학생 1 : 마이클 씨가 무엇을 합니까?

학생 2 : 마이클 씨가 전화를 합니다.

〈보기2〉

학생 2 : 누가 텔레비전을 봅니까?

학생 1 : 왕 펑 씨 아이들이 텔레비전을 봅니다.

학생 1

보기1 1	마이클 씨	?	하다	5	?	(책)	읽다
2	왕펑 씨 아이들	?	보다	6	?	(음료수)	마시다
3	?	(버스)	타다	7	윤상우 씨	?	기다리다
4	?	(빵)	먹다	8	?	(구두)	사다

64

학생 2

보기 1	?	[휴대폰]	하다	5	[김 선생님]	?	읽다
2	?	[TV]	보다	6	[이소라 씨]	?	마시다
3	[다나카 씨]	?	타다	7	?	[제니 씨]	기다리다
4	[마유미 씨 동생]	?	먹다	8	[민지 씨 언니]	?	사다

발음규칙　発音のルール

1. 濃音化

パッチムの音が無声音である場合、次に無声音が来ると濃音化して発音される。つまりパッチムの音が「ㄱ、ㄷ、ㅂ」の場合、次に「ㄱ、ㄷ、ㅂ、ㅅ、ㅈ」が来ると、それぞれ濃音として発音される。

학교 [학꾜]　　식당 [식땅]　　맥주 [맥쭈]
받다 [받따]　　웃고 [욷꼬]　　꽃다발 [꼳따발]
없다 [업따]　　앞사람 [압싸람]　　잡지 [잡찌]

2. 子音同化

音節末の子音、つまりパッチムの次に別の子音が来ると、片方が類似した音や同じ音に変化する。
パッチム「ㄱ、ㄷ、ㅂ」に「ㄴ、ㅁ」が続くと、パッチムがそれぞれ「ㅇ、ㄴ、ㅁ」と発音される。

작년 [장년]　　박물관 [방물관]　　받는 [반는]　　뒷문 [뒨문]
갑니다 [감니다]　　안녕하십니까 [안녕하심니까]　　앞문 [암문]

제8과 사장님 계십니까?

제 니 : 사장님 계십니까?

비 서 : 네, 계십니다.

제 니 : 사장님께서 지금 무엇을 하십니까?

비 서 : 손님을 만나십니다. 잠깐만 기다리십시오.

● **단어와 표현** 単語と表現

□ **계시다** いらっしゃる　　□ **손님** お客　　□ **잠깐만** ちょっと

ジェニー ： 社長はいらっしゃいますか。
秘書　　 ： はい、おります。
ジェニー ： 社長は今、何をなさっていますか。
秘書　　 ： お客様に会っております。少々お待ちください。

문법　文法

1 –(으)시

→ 文の主体を敬うとき語幹につけて話す。語幹がパッチムで終わらないときは「-시」、パッチムで終わるときは「-으시」をつける。

가다 : 가 + 시 + ㅂ니다 → 가십니다
읽다 : 읽 + 으시 + ㅂ니다 → 읽으십니다

一部の動詞は別個の尊敬語がある。

있다　　→　　계시다
자다　　→　　주무시다
먹다　　→　　잡수시다, 드시다

보기　아버지가 신문을 보**십**니다.　お父さんが新聞をお読みになります。

　　　누가 책을 읽**으십**니까?　どなたが本をお読みになりますか。

　　　할머니가 **주무십**니다.　おばあさんがお休みになります。

제**8**과 사장님 계십니까?　67

2 −(으)십시오

→ 命令や忠告をするときに使う表現。動詞の語幹がパッチムで終わらないときは「−십시오」を、パッチムで終わるときは「−으십시오」を使う。否定形は「−지 마십시오」となる。

- 쓰다 : 쓰 + 십시오 → 쓰십시오
- 입다 : 입 + 으십시오 → 입으십시오

보기　잠깐만 기다리**십시오**.　少々お待ちください。

　　　여기에 앉**으십시오**.　こちらにお掛けください。

　　　그 사람을 만나지 마**십시오**.　その人に会わないでください。

3 −께서

→ 主格助詞「−이/가」の尊敬形である。

보기　선생님**께서** 이야기하십니다.　先生がお話しになります。

　　　할아버지**께서** 점심을 잡수십니다.　おじいさんが昼食を召し上がります。

　　　사장님**께서** 기다리십니다.　社長がお待ちになります。

유형연습 / 類型練習

1

보기

운동하다

가 : 운동하십니까?
나 : 네, 운동합니다.

읽다

가 : 읽으십니까?
나 : 네, 읽습니다.

(1) 쓰다　　(2) 만나다　　(3) 입다

(4) 자다　　(5) 먹다

2

보기

가 : 아버지께서 무엇을 하십니까?
나 : 아버지께서 텔레비전을 보십니다.

(1) 김 선생님께서 무엇을 하십니까?

(2) 사장님께서 무엇을 하십니까?

(3) 할머니께서 무엇을 하십니까?

(4) 어머니가 무엇을 하십니까?

(5) 피에르 씨가 무엇을 하십니까?

3

보기

앉다

앉으십시오.

(1) 쓰다　　(2) 기다리다　　(3) 연습하다

(4) 읽다　　(5) 자다

단어 単語　□ 앉다 座る　□ 쓰다 使う、書く　□ 연습하다 練習する

듣기

1 듣고 맞는 번호를 쓰십시오. 08-05
次の内容を聞いて、番号を選びなさい。

(1) _____ (2) _____ (3) _____ (4) _____

(5) _____ (6) _____ (7) _____ (8) _____

① ②  ③  ④ 
⑤  ⑥  ⑦  ⑧

2 듣고 빈칸에 쓰십시오. 08-06
次の内容を聞いて、空欄を埋めなさい。

우리 집입니다.

아버지께서 (1) _____.

신문을 (2) _____.

아침을 (3) _____.

어머니께서 텔레비전을 (4) _____.

운동을 하십니다.

일기를 (5) _____.

(6) _____.

읽기

読解練習

요즘 어떻게 지내십니까?

한지섭 : 요즘 어떻게 지내십니까?

강재영 : 잘 지냅니다.

한지섭 : 부모님께서도 안녕하십니까?

강재영 : 네, 안녕하십니다.

한지섭 : 부인께서도 안녕하십니까?

강재영 : 네, 잘 있습니다.

한지섭 : 아이들도 잘 있습니까?

강재영 : 네, 잘 있습니다.

1 위 글을 읽고 ( )에 쓰십시오.
上記の会話を読んで、( ) を埋めなさい。

(1) 가 : 요즘 어떻게 지내십니까?
    나 : (   )

(2) 가 : 부모님께서도 안녕하십니까?
    나 : 네, (   )

(3) 가 : 아이들도 (   )
    나 : 네, 잘 있습니다.

단어 単語

- 요즘 最近、この頃
- 어떻게 どう
- 잘 よく、元気に
- 지내다 過ごす
- 부인 夫人

제**8**과 사장님 계십니까?

활동

인사말을 찾으십시오

1 그림을 보고 맞는 인사말을 아래에서 찾아서 쓰십시오.
イラストを見て、正しいあいさつを下のボックスから選んで書きましょう。

(1) 고맙습니다.

(2) 많이 드십시오.

(3) 요즘 어떻게 지내십니까?

(4) 주말 잘 보내십시오.

(5) 맛있게 드셨습니까?

(6) 안녕히 주무십시오.

(7) 죄송합니다.

잘 먹었습니다.	뭘요, 아니에요.
잘 먹겠습니다.	괜찮아요.
네, 안녕히 주무십시오.	잘 지냅니다.
_____씨도 주말 잘 보내십시오.	

2 각 나라의 인사말을 알아봅시다.
いろいろな国のあいさつを調べてみましょう。

한국	_____씨 나라			
안녕하십니까?				
안녕히 가십시오. 안녕히 계십시오.				
고맙습니다. 죄송합니다.				

한국 문화 엿보기	韓国文化探訪

韓国語の尊敬表現

韓国では、年齢や地位の高低、親しさ、対話の状況によって尊敬語の表現が異なります。初対面の人やあまり親しくない人には、丁寧語を使うほうがよいでしょう。質問をする人が丁寧語を使っても、自分と自分の配偶者に対しては丁寧語を使いません。相手を高めて呼ぶときは、その人の地位や家族関係の呼称に '님' をつけて呼びます。사장（社長）→ 사장님、선생（先生）→ 선생님、부모（両親）→ 부모님、아버지（父）→ 아버님、어머니（母）→ 어머님、아들（息子）→ 아드님、딸（娘）→ 따님 などがその例にあたります。

제8과 사장님 계십니까?

제9과 어디에 가십니까?

앙 리 : 어디에 가십니까?

히로미 : 아르바이트를 하러 신촌에 갑니다.

앙 리 : 어디에서 아르바이트를 합니까?

히로미 : 여행사에서 합니다.

단어와 표현　単語と表現

- **아르바이트** アルバイト
- **여행사** 旅行社

アンリ　：どこに行かれますか。
宏美　　：アルバイトをしにシンチョン（新村）へ行きます。
アンリ　：どこでアルバイトをしていますか。
宏美　　：旅行社でしています。

문법　文法

1　-에

→ 場所を表す名詞につく。移動を表す動詞（가다、오다、다니다…）が後続し、その場所に移動することを意味する。

보기　어디에 가십니까?　どこに行かれますか。

　　　　일을 하러 회사에 갑니다.　仕事をしに会社に行きます。

　　　　어제 한국에 왔습니다.　昨日、韓国に来ました。

2　-(으)러

→ 後ろに移動を表す動詞（가다、오다、다니다…）が来て、移動の意図や目的を表す。動詞の語幹にパッチムがない場合とパッチム「ㄹ」があれば「-러」、「ㄹ」以外のパッチムがあれば「-으러」が使われる。

보기

　　　　선물을 사러 갑니다.　プレゼントを買いに行きます。

　　　　도서관에 책을 읽으러 왔습니다.　図書館に本を読みに来ました。

　　　　주말에 놀러 갑니다.　週末、遊びに行きます。

제9과 어디에 가십니까?

3 -에서

→ 場所を表す名詞について、その場所である動作や状態が起こることを表す。

보기 서점에서 책을 삽니다. 書店で本を買います。

공원에서 산책을 합니다. 公園で散歩をします。

어디에서 한국말을 배우십니까? どこで韓国語を勉強されますか。

4 어디

→ 場所を尋ねるときに使う。

보기 집이 **어디**입니까? 家はどこですか。

어디에 가십니까? どこに行かれますか。

어디에서 점심을 잡수십니까? どこで昼食を召し上がりますか。

유형연습 / 類型練習

1

보기 회사 / 가다

회사에 갑니다.

(1) 명동 / 가다   (2) 서점 / 가다   (3) 약국 / 가다

(4) 집 / 오다   (5) 교실 / 오다

2

보기

문방구 / 공책을 사다

가 : 어디에 가십니까?
나 : 문방구에 공책을 사러 갑니다

(1) 백화점 / 선물을 사다
(2) 커피숍 / 친구를 만나다
(3) 미용실 / 머리를 자르다
(4) 음식점 / 점심을 먹다
(5) 은행 / 돈을 찾다

3

보기

가 : 어디에서 한국말을 배우십니까?
나 : 가나다학원에서 한국말을 배웁니다.

(1) 어디에서 친구를 만나십니까? 
(2) 어디에서 자전거를 타십니까? 
(3) 어디에서 담배를 사십니까? 
(4) 어디에서 수영을 합니까? 
(5) 어디에서 환전을 합니까?

단어 単語
- 회사 会社
- 서점 書店
- 약국 薬局
- 집 家
- 문방구 文房具
- 공책 ノート
- 백화점 デパート
- 선물 プレゼント、贈り物
- 미용실 美容室
- 머리 頭、髪の毛
- 자르다 切る
- 음식점 飲食店
- 점심 昼食
- 은행 銀行
- 돈 お金
- 찾다 （預金などを）引き出す
- 자전거 自転車
- 담배 タバコ
- 수영 水泳
- 환전 両替

듣기

聞き取り練習

1 어디에 갑니까? 듣고 맞는 것을 고르십시오. 🎧 09-05

どこへ行きますか。会話を聞いて、正しいものを選びなさい。

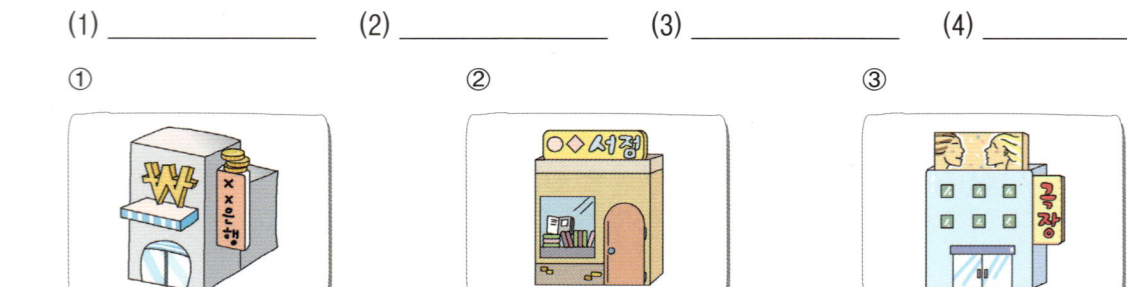

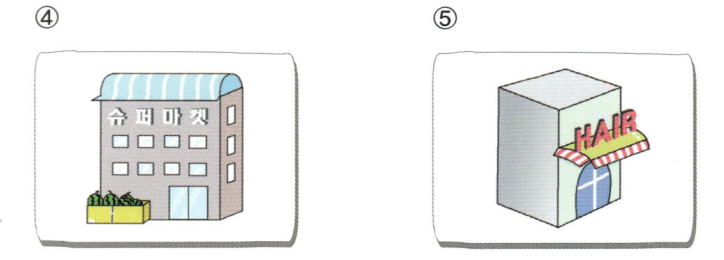

(1) _____　(2) _____　(3) _____　(4) _____

① ② ③
④ ⑤

2 어디입니까? 듣고 맞는 번호를 쓰십시오. 🎧 09-06

ここで何をしますか。次の内容を聞いて、正しい番号を書きなさい。

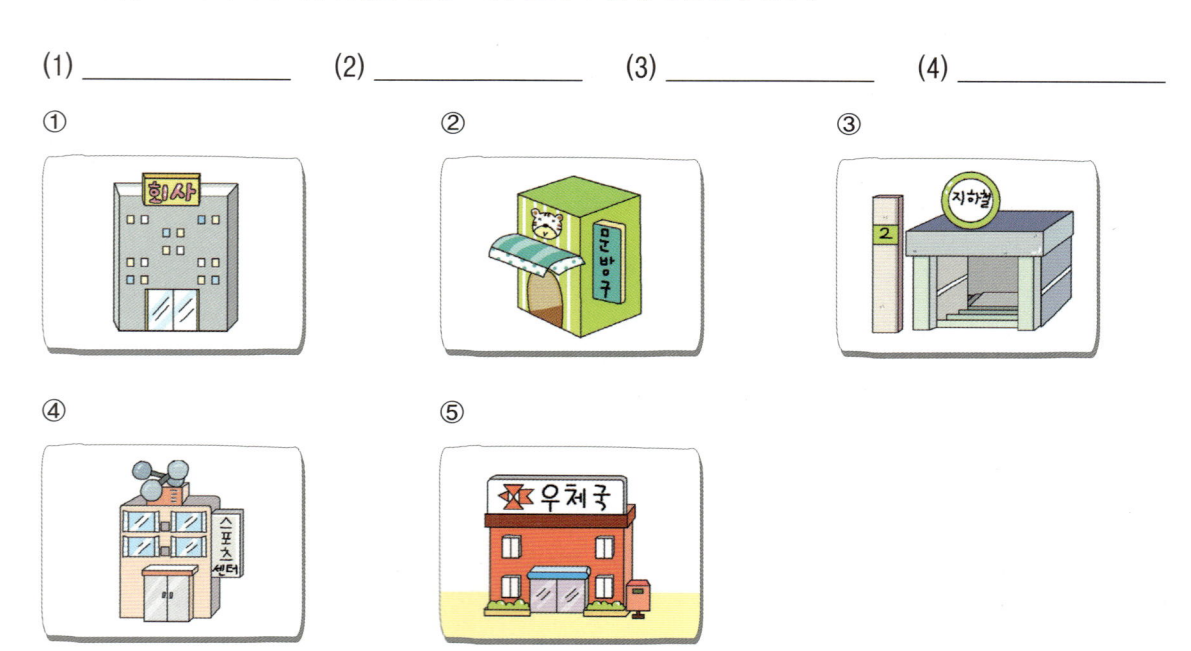

(1) _____　(2) _____　(3) _____　(4) _____

① ② ③
④ ⑤

읽기

読解練習

오늘 어디에 가십니까?

오늘 어디에 가십니까?

야마다 씨는 영화를 보러 극장에 갑니다.

제니 씨는 편지를 부치러 우체국에 갑니다.

리밍 씨는 공부하러 도서관에 갑니다.

이리나 씨는 친구를 만나러 신촌에 갑니다.

앙리 씨는 전자사전을 사러 전자상가에 갑니다.

1 누가 갑니까? 위 글을 읽고 이름을 쓰십시오.
   誰が行きますか。上記の文を読んで、名前を書きなさい。

   (1)　　　　(2)　　　　(3)　　　　(4)　　　　(5)

   _____   _____   _____   _____   _____

2 반 친구들에게 '오늘 어디에 가십니까?'라고 묻고 대답하십시오.
   クラスメートに「今日はどちらへいらっしゃいますか」と聞いたり、答えたりしましょう。

단어 単語

- 오늘 今日
- 영화 映画
- 극장 映画館、劇場
- 편지 手紙
- 부치다 （荷物や郵便を）送る
- 우체국 郵便局
- 도서관 図書館
- 전자상가 電子街

활동

어디입니까?

한 사람이 오른쪽 페이지의 장소 단어를 골라 설명합니다. 다른 사람은 듣고 무엇을 설명하는지 맞힙니다.

ペアになって、1人が右のページの場所から単語を選び説明します。もう1人が聞いて何を説明しているのかを当てます。

보기

학생 1 : 여기에서 책을 삽니다.
　　　　사전을 삽니다.
학생 2 : 서점 입니다.

보기

학생 1 : 여기에서 수영을 합니다.
　　　　여기에서 배도 탑니다.
학생 2 : 바다 입니다.

보기

학생 1 : 의사가 있습니다.
　　　　간호사도 있습니다.
학생 2 : 병원 입니다.

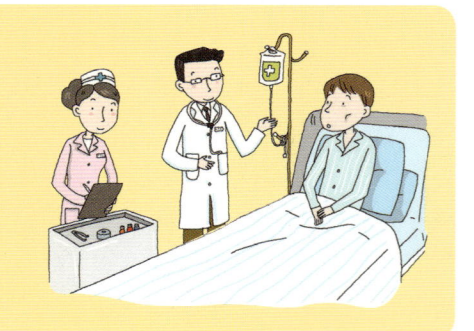

장소 場所

| 학교 |  학원 | 회사 | 공항 | 버스정류장 |

| 지하철역 |  우체국 | 도서관 | 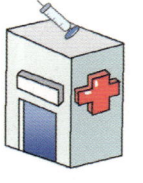 병원 |  약국 |

| 극장 |  산 |  바다 |  공원 |  가게 | 시장 |

| 백화점 | 편의점 |  식당/음식점 | 다방/커피숍/카페 |  빵집 |

| 서점/책방 |  문방구/문구점 |  꽃집 | 은행 | 미용실 |

제9과 어디에 가십니까?

제10과 휴대폰 번호가 몇 번입니까?

리 밍 : 이리나 씨, 휴대폰이 있습니까?

이리나 : 네, 있습니다.

리 밍 : 휴대폰 번호가 몇 번입니까?

이리나 : 010-7567-1345입니다. 리밍 씨 번호는 몇 번입니까?

리 밍 : 제 번호는 010-3452-8795입니다.

● **단어와 표현** 単語と表現

□ **번호** 番号　　　　　　　　□ **번** 番

リ・ミン： イリナさん、携帯電話がありますか。
イリナ　： はい、あります。
リ・ミン： 携帯電話の番号は何番ですか。
イリナ　： 010-7567-1345です。リ・ミンさんの番号は何番ですか。
リ・ミン： 私の番号は010-3452-8795です。

문법　文法

1 숫자 1

→ 漢数字は日にちや電話番号、値段などに使う。

1	2	3	4	5	6	7	8	9	10
일	이	삼	사	오	육	칠	팔	구	십
11	12	13	14	15	16	17	18	19	20
십일	십이	십삼	십사	십오	십육	십칠	십팔	십구	이십
30	40	50	60	70	80	90	100		
삼십	사십	오십	육십	칠십	팔십	구십	백		

1,000	10,000	100,000	1,000,000	10,000,000
천	만	십만	백만	천만

보기　우리 집 전화번호는 **765-4801**입니다.　私の家の電話番号は 765-4801です。

　　　이 책은 **12,500원**입니다.　この本は 12,500ウォンです。

　　　제 생일은 **12월 25일**입니다.　私の誕生日は 12月 25日です。

*日付けを言う場合、「-월 -일」と読む。「-월（月）」は「일월、이월……、십이월」と言う。「일（日）」は「일일、이일……、삼십일일」と言う。しかし、「6월」と「10월」は「유월」、「시월」と発音する。

10 시월						
일	월	화	수	목	금	토
		1 일일	2 이일	3 삼일	4 사일	5 오일
6 육일	7 칠일	8 팔일	9 구일	10 십일	11 십일일	12 십이일

2 몇

→ 数字や数量を尋ねるときに使う。単位を表す名詞の前につく。なお値段を尋ねるときは「몇 원」ではなく「얼마」を使う。

보기 오늘이 **몇** 월 며칠입니까? 今日は何月何日ですか。

사람이 **몇** 명 있습니까? 人が何人いますか。

이 책이 **얼마**입니까? この本はいくらですか。

유형연습

1

보기
가: 집 전화번호가 몇 번입니까?
나: 070-8259-3741입니다.

(1) 회사 전화번호가 몇 번입니까?

(2) 구두가 몇 밀리미터입니까?

(3) 사무실이 몇 층입니까?

(4) 교실이 몇 호입니까?

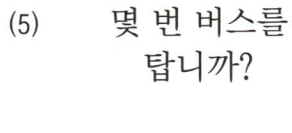

(5) 몇 번 버스를 탑니까?

제10과 휴대폰 번호가 몇 번입니까?

2

보기 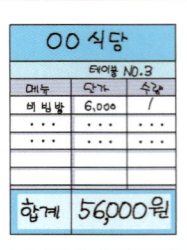
가 : 얼마입니까?
나 : 56,000원입니다.

(1)  2,500원
(2) 170,000원
(3)  23,000원
(4) 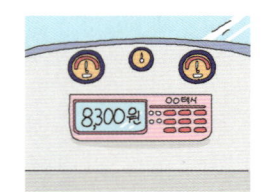 8,300원
(5)  19,000,000원

3

보기 
3월 14일
가 : 몇 월 며칠입니까?
나 : 3월 14일입니다.

(1) 10월 18일
(2) 11월 30일
(3) 7월 4일
(4) 6월 1일
(5) 12월 25일

단어 単語　□구두 靴　□밀리미터 ミリメートル　□사무실 事務室　□-층 ～階　□-호 ～号　□버스 バス
□-원 ～ウォン　□월 月　□며칠 何日

듣기

1 듣고 맞는 것을 고르십시오. 🔊 10-05
次の内容を聞いて、正しいものを選びなさい。

(1)
① 5월 26일　② 6월 16일　③ 6월 26일

(2)
① 25층　② 19층　③ 22층

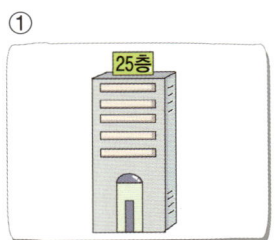

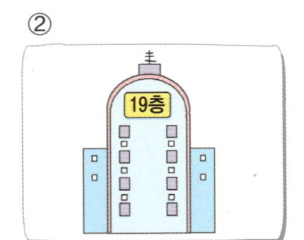

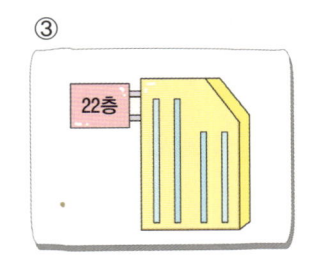

(3)
① 130　② 240　③ 140

(4)
① 102동 307호　② 101동 707호　③ 101동 1107호

제**10**과 휴대폰 번호가 몇 번입니까?　87

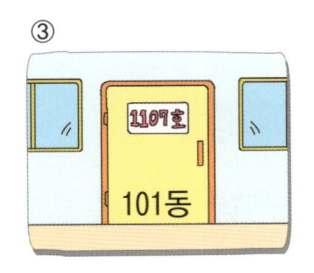

읽기

読解練習

제 생일은

제 생일은 12월 23일 입니다.
제 휴대폰 번호는 010-2213-7758 입니다.
우리 집 전화번호는 776-9984 입니다.
저는 지하철 2호선 을 탑니다.
우리 교실은 4층 407호 입니다.
우리 집은 행복아파트 102동 1103호 입니다.

1 위 글을 읽고 대답을 찾으십시오.
上記の文を読んで、問いに答えなさい。

(1) 교실이 몇 층입니까?

(2) 생일이 몇 월 며칠입니까?

(3) 지하철 몇 호선을 탑니까?

2 위의 ▇▇▇ 부분을 바꾸어서 다시 읽어 봅시다.
上の ▇▇▇ 部分を替えて、もう一度読んでみましょう。

단어 単語

- 생일 誕生日
- -호선 ～号線
- 아파트 アパート
- -동 ～棟

숫자 빙고 게임

두 사람이 짝이 되어 각자 1부터 35까지 숫자 중 마음대로 아래 표에 씁니다. 가위 · 바위 · 보를 해서 이긴 사람이 먼저 자기가 쓴 숫자를 부릅니다. 상대방은 그 숫자가 있으면 체크하고 이번에는 자기가 쓴 숫자를 부릅니다(상대방에게 그 숫자가 없으면 계속 자기의 숫자를 부릅니다). 보기 와 같이 숫자가 직선으로 연결되면 빙고가 됩니다. 먼저 빙고를 만드는 사람이 이깁니다.

２人組になってそれぞれ１から35までの数字を好きなように下記の表に書きます。じゃんけんをして、勝った方が先に自分が書いた数字を言います。相手はその数字があればチェックし、次に自分が書いた数字を言います（相手にその数字がなければ続けて自分の数字を言います）。先にビンゴになった人が勝ちです。 보기 のように数字が直線でつながればビンゴです。

보기

20	23	28	17	3
27	9	16	35	10
11	22	30	21	25
14	18	15	4	1
24	12	31	5	34

제11과 은행이 어디에 있습니까?

이리나 : 어느 은행에서 일하십니까?

앙 리 : 서울 은행에서 일합니다.

이리나 : 은행이 어디에 있습니까?

앙 리 : 2호선 시청역 근처에 있습니다.

이리나 : 우리 회사도 그 근처에 있습니다.

● **단어와 표현** 単語と表現

□ 은행 銀行　　　□ 일하다 働く　　　□ 시청 市庁（市役所）
□ -역 駅　　　　□ 근처 近所

イリナ： どちらの銀行にお勤めですか。
アンリ： ソウル銀行で働いています。
イリナ： 銀行はどこにありますか。
アンリ： ２号線シチョン（市庁）駅のそばにあります。
イリナ： わたしの会社もその近所にあります。

문법   文法

1 어느

→ 名詞の前について、２つ以上の物事のうち、どちらなのかを尋ねるときに使う。

보기　**어느** 것이 좋습니까?　どちらがいいですか。

　　　어느 나라 사람입니까?　どちらの国の人ですか。

　　　어느 회사에서 일합니까?　どちらの会社で働いていますか。

2 -에

→ 場所を表す名詞について、物事や人が存在する場所であることを表す助詞である。「에」の次には「있다」、「없다」、「많다」などが来る。

보기　사무실이 명동에 있습니다.　オフィスがミョンドン（明洞）にあります。

　　　가게 안에 사람이 없습니다.　店の中に人がいません。

　　　우리 학교에는 외국 사람이 많습니다.　私たちの学校には外国人が多いです。

제11과 은행이 어디에 있습니까?

3 −도

→ 同一の事実や行為を列挙するときに使う助詞である。「도」が主格助詞「이/가」や目的格助詞「을/를」とともに使われる場合は、「이/가」、「을/를」が省略される。

보기 냉장고에 우유가 있습니다. 주스**도** 있습니다.
冷蔵庫に牛乳があります。ジュースもあります。

제 동생은 축구**도** 좋아합니다. 야구**도** 좋아합니다.
私の弟（妹）はサッカーも好きです。野球も好きです。

학교에서 공부합니다. 집에서**도** 공부합니다. 学校で勉強します。家でも勉強します。

유형연습 / 類型練習

1

보기 슈퍼에서 물건을 사다
가 : 어느 슈퍼에서 물건을 삽니까?
나 : 하나로 슈퍼에서 삽니다.

(1) 역에서 내리다

(2) 백화점에서 쇼핑을 하다

(3) 식당에서 점심을 먹다

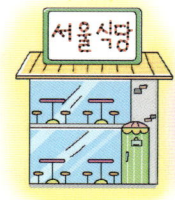

(4) 공항에서 비행기를 타다

(5) 극장에서 영화를 보다

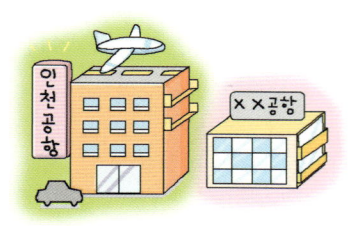

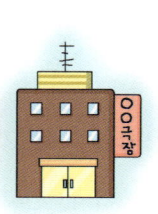

2

보기

가 : 고양이가 어디에 있습니까?
나 : 소파 옆에 있습니다.

(1) 꽃이 어디에 있습니까?

(2) 연필이 어디에 있습니까?

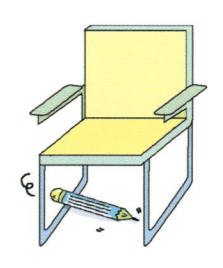

(3) 과일이 어디에 있습니까?

(4) 칠판이 어디에 있습니까?

(5) 화장실이 어디에 있습니까?

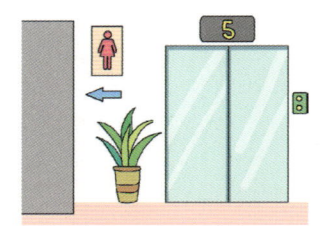

위치 位置

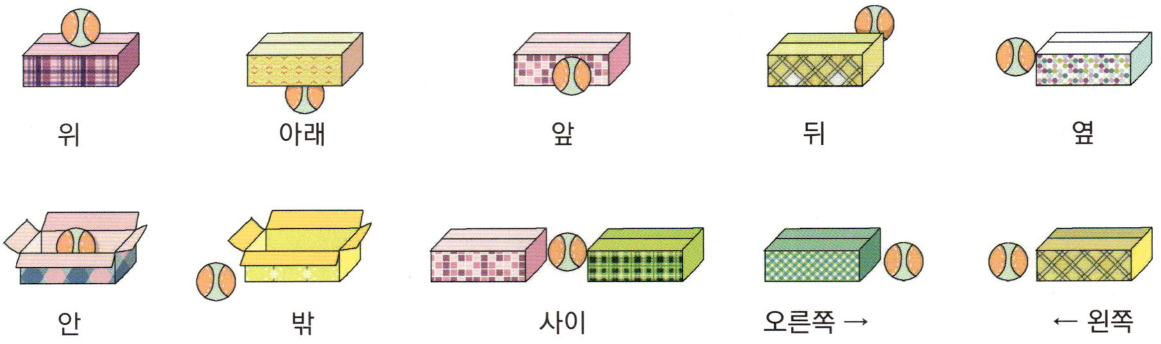

위　　아래　　앞　　뒤　　옆

안　　밖　　사이　　오른쪽 →　　← 왼쪽

3

보기

커피 / 우유

가 : 무엇을 마십니까?
나 : 커피를 마십니다. 우유도 마십니다.

(1) 한국어 / 중국어
무엇을 공부합니까?

(2) 영화 / 드라마
무엇을 봅니까?

(3) 지갑 / 휴대폰
가방에 무엇이 있습니까?

(4) 상우 씨 / 리밍 씨
누가 집에 옵니까?

(5) 신촌 / 압구정동
가나다백화점이 어디에 있습니까?

단어 単語　□슈퍼 スーパー　□물건 もの　□내리다 降りる　□쇼핑하다 買い物をする　□식당 食堂
□공항 空港　□비행기 飛行機　□고양이 猫　□소파 ソファー　□옆 横　□꽃 花　□과일 果物
□화장실 トイレ　□우유 牛乳

듣기

1 듣고 맞으면 ○, 틀리면 X 하십시오. 🎧 11-05
次の内容を聞いて、合っていれば ○、間違っていれば × をつけなさい。

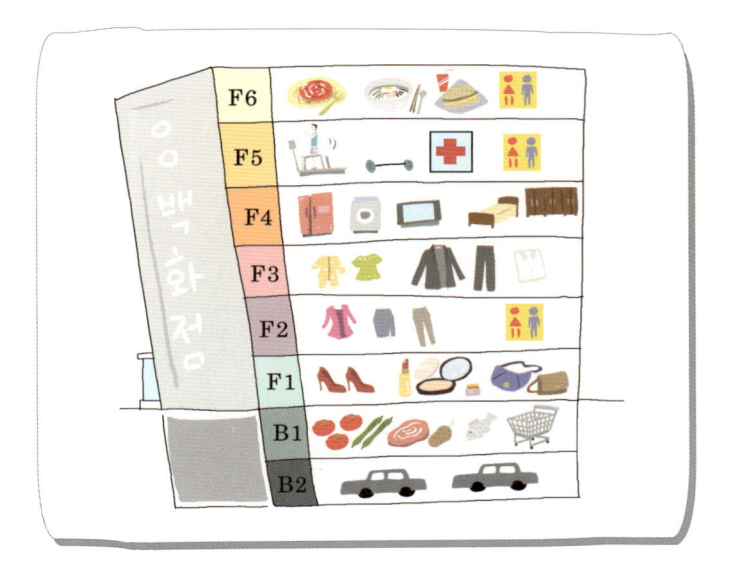

(1) _____ (2) _____ (3) _____ (4) _____ (5) _____ (6) _____

2 듣고 맞는 번호를 쓰십시오. 🎧 11-06
次の内容を聞いて、正しいものの番号を書きなさい（キャラクターが方向の基準です）。

① 야마다　② 이리나　③ 앙리
④ 민지　⑤ 리밍　⑥ 히로미

(1) _____　(2) _____

(3) _____　(4) _____

(5) _____　(6) _____

제**11**과 은행이 어디에 있습니까? 95

읽기

제 방입니다

여기는 제 방입니다.
침대 옆에 책상이 있습니다.
책상 위에 책이 있습니다.
컴퓨터도 있습니다.
왼쪽에 책이 있습니다.
오른쪽에 컴퓨터가 있습니다.
가방이 책상 아래에 있습니다.
연필이 서랍 안에 있습니다.
책 위에도 연필이 있습니다.
서랍 안에는 사진도 있습니다.

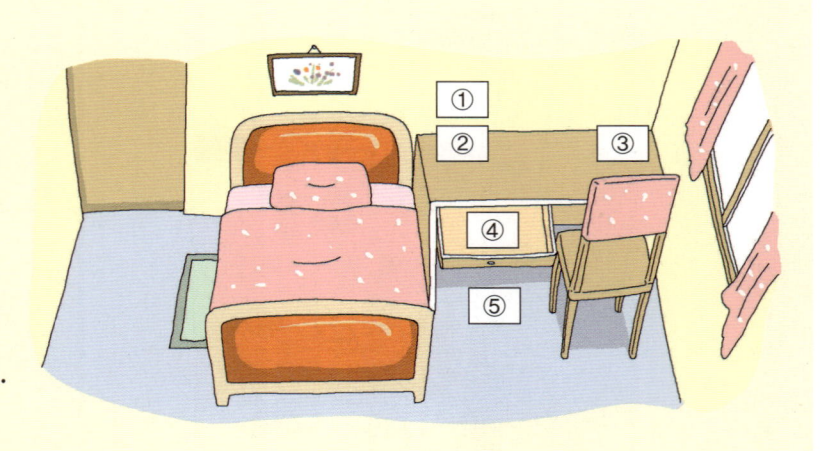

1 위 글을 읽고 맞는 위치의 번호를 쓰십시오.
上記の文を読んで、次の物の番号を正しい位置に書きなさい。

(1)  가방　(2)  책　(3)  연필　(4)  사진　(5)  컴퓨터

단어 単語

- 침대 ベッド
- 위 上
- 왼쪽 左側
- 오른쪽 右側
- 아래 下
- 가방 かばん
- 서랍 引き出し
- 안 中
- 사진 写真

활동

백화점 옆에 은행이 있습니다

학생 1은 꽃집, 백화점, 옷가게, 안경점 을 찾으십시오.
학생 2는 커피숍, 음식점, 학원, 하나빌딩 을 찾으십시오.
그리고 보기 와 같이 묻고 대답하십시오.

学生1は花屋、デパート、洋服屋、眼鏡屋を探しましょう。学生2はコーヒーショップ、レストラン、学院、ハナビルを探しましょう。その後で 보기 のように質問し、答えましょう。

> **보기**
> - 학생 1 : 백화점 옆에 무엇이 있습니까?
>   학생 2 : 백화점 옆에 은행이 있습니다.
> - 학생 2 : 학원이 어디에 있습니까?
>   학생 1 : 은행 뒤에 있습니다.

〈학생 1〉

슈퍼, 호텔, 학원, 하나빌딩, 3층 커피숍, 은행, 음식점

〈학생 2〉

꽃집, 슈퍼, 호텔, 옷가게, 1층 안경점, 은행, 백화점

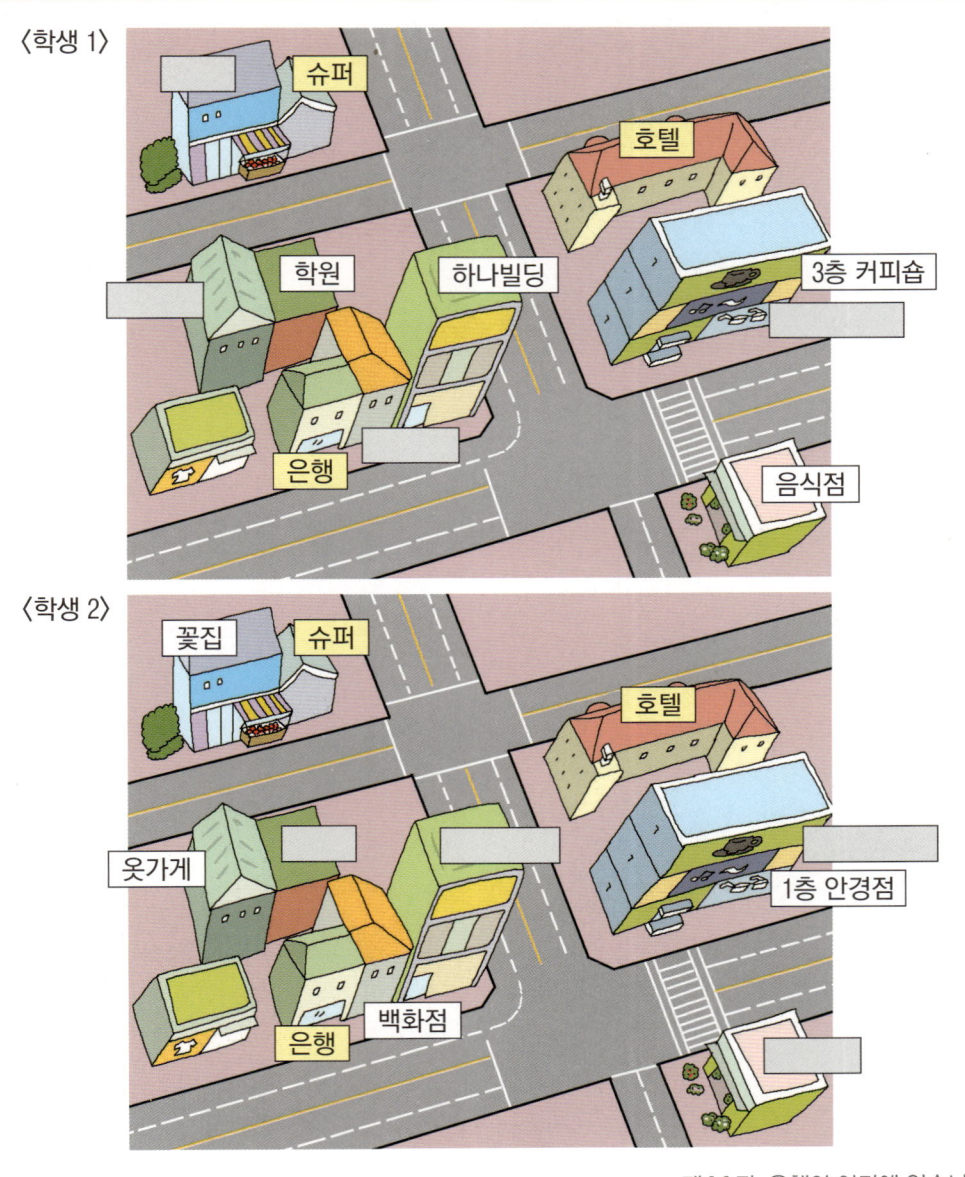

제**11**과 은행이 어디에 있습니까?

제12과 주말에 무엇을 하셨습니까?

🎧 12-01

제 니 : 주말에 무엇을 하셨습니까?

상 우 : 부산에 친구를 만나러 갔습니다.

제 니 : 언제 서울에 오셨습니까?

상 우 : 일요일 밤에 왔습니다.

● **단어와 표현** 単語と表現

- **주말** 週末
- **부산** プサン（釜山）
- **일요일** 日曜日
- **밤** 夜

ジェニー ： 週末に何をなさいましたか。
サンウ　 ： プサン（釜山）に友だちに会いに行きました。
ジェニー ： いつソウルにいらっしゃいましたか。
サンウ　 ： 日曜日の夜、来ました。

문법　文法

1 –에

→ 時を表す名詞の後ろにつく助詞である。

보기　토요일에 친구를 만납니다. 土曜日に友だちに会います。

　　　작년 여름에 한국에 왔습니다. 去年の夏に韓国へ来ました。

　　　오후 1시에 수업이 끝납니다. 午後1時に授業が終わります。

2 언제

→ 時を尋ねるときに使う。

보기　생일이 **언제**입니까? 誕生日はいつですか。

　　　언제 한국에 오셨습니까? いつ韓国にいらっしゃいましたか。

　　　언제 시간이 있습니까? いつ時間がありますか。

제**12**과　주말에 무엇을 하셨습니까?

3 －았/었

→ 動詞の語幹について過去時制、または行動が完了したことを表す。語幹末の母音によって次のように活用する。敬語では「-(으)셨습니다」である。「-이다」は前につく名詞にパッチムがある場合は「-이었습니다」になり、パッチムがない場合は「-였습니다」になる。「-이/가 아니다」は「-이가 아니었습니다」になる。

-았	語幹末の母音が「ㅏ」、「ㅗ」の場合 가다、만나다、받다、오다、보다	가다 → 가+았습니다 → 갔습니다 오다 → 오+았습니다 → 왔습니다
-었	語幹末の母音が「ㅏ」、「ㅗ」以外の場合 먹다、배우다、읽다、쉬다、지내다	먹다 → 먹+었습니다 → 먹었습니다 마시다 → 마시+었습니다 → 마셨습니다
-였	「-하다」動詞の場合 공부하다、운동하다、전화하다	일하다 → 일하+였습니다 → 일했습니다

보기　지난 토요일에 영화를 **봤습니다**. 先週の土曜日に映画を観ました。

어디에서 한국말을 **배웠습니까**? どこで韓国語を勉強しましたか。

어젯밤에 집에서 숙제를 **했습니다**. 昨夜、家で宿題をしました。

부모님이 우리 집에 **오셨습니다**. 両親が私たちの家に来ました。

유형연습 — 類型練習

1

보기　영화를 보다 → 영화를 봤습니다.

(1) 명동에 가다　　(2) 집에서 쉬다　　(3) 맥주를 마시다

(4) 교실에서 이야기하다　　(5) 아버지가 전화하시다

2

보기　가 : 백화점에서 무엇을 사셨습니까?
　　　나 : 구두를 샀습니다.

(1) 어제 누구를 만나셨습니까?

(2) 무엇을 받으셨습니까?

(3) 어디에서 운동을 하셨습니까?

(4) 어디에서 한국말을 배우셨습니까?

(5) 아침에 무엇을 드셨습니까?

3

보기

3월

가 : 언제 한국에 오셨습니까?
나 : 3월에 한국에 왔습니다.

(1) 작년 6월

언제 결혼하셨습니까?

(2) 어제 저녁

언제 시장에 가셨습니까?

(3) 지난주

언제 그 영화를 보셨습니까?

(4) 일요일

언제 청소를 하셨습니까?

(5) 오늘 아침

언제 신문을 읽으셨습니까?

단어 単語

- 맥주 ビール
- 이야기하다 話す
- 아침 朝
- 드시다 召し上がる
- 작년 昨年
- 결혼하다 結婚する
- 어제 昨日
- 저녁 晩
- 지난주 先週
- 청소 掃除
- 신문 新聞

듣기

1 듣고 요일을 쓰십시오. 🔘 12-05
次の内容を聞いて、曜日を書きなさい。

(1) _____ (2) _____ (3) _____

(4) _____ (5) _____

2 듣고 대답을 쓰십시오. 🔘 12-06
次の質問を聞いて、答えを書きなさい。

10월						
일	월	화	수	목	금	토
			1	2 생일파티	3	4
5 쇼핑	6 아르바이트	7 영화	(오늘) 8 운동	9 약속	10 시험	11 등산

(1) _____ (2) _____

(3) _____ (4) _____

(5) _____

읽기

読解練習

일기

3월 20일 일요일 날씨 맑음

오늘은 친구 제니의 생일이었습니다.
아침에 한강시민공원에서 제니를 만났습니다.
거기에서 테니스를 쳤습니다.
명동에서 점심 식사를 했습니다.
피자를 먹었습니다.
맥주도 마셨습니다.

오후에 명동에서 쇼핑을 했습니다.
그리고 저녁에 영화를 보러 극장에 갔습니다.
영화가 재미있었습니다.

1 위 글을 읽고 맞으면 ○, 틀리면 X 하십시오.
上記の文を読んで、合っているものに○、間違っているものに×をつけなさい。

(1) 친구의 생일은 3월 20일입니다.　　　(2) 저녁에 맥주를 마셨습니다.

(3) 어제는 금요일이었습니다.　　　(4) 오늘 오전에 테니스를 쳤습니다.

(5) 점심에 피자를 먹었습니다.

단어 単語

- 일기 日記
- 날씨 天気
- 맑음 晴れ
- 공원 公園
- 거기 そこ
- 테니스 テニス
- 치다 打つ、（テニスを）する
- 식사 食事
- 피자 ピザ
- 오후 午後
- 재미있다 おもしろい

제**12**과 주말에 무엇을 하셨습니까?

활동

무엇을 했습니까?

보기 와 같이 옆 사람에게 질문하고 대답을 쓴 후에 발표합시다.
보기 のように、となりの人に質問をして答えを書いた後、発表をしましょう。

보기

학생 1 : 작년 생일에 무엇을 했습니까?
학생 2 : 명동에서 친구들을 만났습니다.

언제	_____씨	_____씨	_____씨
작년 생일에	명동에서 친구들을 만났습니다.		
작년 크리스마스에			
지난 여름·겨울에			
지난번 휴가·방학에			
지난주 토요일·일요일에			

시간 時間

5월							
일	월	화	수	목	금	토	
3	4	5 휴일	6	7	8	9 주말	지난주
10 주말	11 그저께	12 어제	13 오늘	14 내일	15 모레	16	이번 주
17	18	19	20	21	22	23	다음 주

← 평일 →

4월 지난달
5월 이번 달
6월 다음 달

2009 작년
2010 금년
2011 내년

아침 점심 저녁

오전
오후

낮
밤

제**12**과 주말에 무엇을 하셨습니까?

제13과 동대문 시장이 어떻습니까?

🔊 13-01

야마다 : 어제 동대문 시장에서 쇼핑을 했습니다.

이리나 : 쇼핑을 많이 했습니까?

야마다 : 네, 이 옷도 사고 가방도 샀습니다. 그리고 떡볶이도 먹었습니다.

이리나 : 떡볶이가 어떻습니까?

야마다 : 좀 맵지만 맛있습니다.

● 단어와 표현 単語と表現

- 동대문 시장 トンデムン（東大門）市장
- 떡볶이 トッポッキ（食べ物の名前）
- 맛있다 おいしい
- 많이 たくさん
- 좀 少し
- 옷 服
- 맵다 辛い

山田 ： 昨日、トンデムン（東大門）市場で買い物をしました
イリナ： たくさん買い物をしましたか。
山田 ： はい、この服も買って、かばんも買いました。そしてトッポッキも食べました。
イリナ： トッポッキはどうですか。
山田 ： 少し辛いですが、おいしいです。

문법 文法

1 -고

→ 語幹について、2つ以上の事実を対等に羅列するときに使う。

보기 그 사람은 멋있고 친절합니다. その人は素敵で、親切です。

우리 아버지는 요리도 하고 청소도 하십니다. 私の父は料理もするし、掃除もします。

3층은 교실이고 2층은 사무실입니다. 3階は教室で、2階は事務室です。

2 -지만

→ 語幹について、対立する2つの事実を述べるときに使う。

보기 한국말이 어렵지만 재미있습니다. 韓国語は難しいですが、おもしろいです。

그 가게는 물건이 좋지만 값이 좀 비쌉니다.
その店は品物はいいですが、値段が少し高いです。

아침을 먹었지만 배가 고픕니다. 朝食を食べましたが、お腹がすいています。

3 어떻다

→ 「-이/가 어떻습니까」の形で、物事の状態を尋ねるときに使う。名詞に接続する場合は、「어떤 ~?」の形を使う。

보기　서울의 여름 날씨가 **어떻습니까**?　ソウルの夏の天気はどうですか。

　　　음식 맛이 **어떻습니까**?　食べ物の味はどうですか。

　　　어떤 음악을 좋아합니까?　どんな音楽が好きですか。

4 그리고

→ 2つの文を対等に羅列したり、時間的に羅列するときに使う。

보기　여름은 덥습니다. **그리고** 비도 많이 옵니다.　夏は暑いです。そして雨もたくさん降ります。

　　　한국에서 한국말을 배웁니다. **그리고** 아르바이트도 합니다.
　　　韓国では韓国語を勉強します。そしてアルバイトもします。

　　　오전에 친구를 만났습니다. **그리고** 오후에 공부를 했습니다.
　　　午前に友だちと会いました。そして午後に勉強をしました。

유형연습 　類型練習

1　보기

크다 / 깨끗하다

가: 호텔 방이 어떻습니까?
나: 크고 깨끗합니다.

(1) 시원하다 / 맛있다
수박이 어떻습니까?

(2) 편하다 / 디자인이 멋있다
운동화가 어떻습니까?

(3) 키가 크다 / 얼굴이 예쁘다
성은 씨가 어떻습니까?

(4) 싸다 / 좋다   (5) 쉽다 / 재미있다

시장 물건이 어떻습니까?   그 책이 어떻습니까?

2

보기

네, 드라마도 보다 / 영화도 보다

가 : 텔레비전을 봅니까?
나 : 네, 드라마도 보고 영화도 봅니다.

(1) 네, 노래도 잘하다 / 운동도 잘하다

동생이 노래를 잘합니까?

(2) 네, 사과도 있다 / 귤도 있다

냉장고에 과일이 있습니까?

(3) 네, 김 선생님도 오시다 / 이 선생님도 오시다

파티에 선생님들도 오십니까?

(4) 한국말도 배우다 / 아르바이트도 하다

한국에서 무엇을 합니까?

(5) 고기도 먹다 / 생선도 먹다

어제 무엇을 먹었습니까?

3

보기

맵다 / 맛있다

가 : 김치가 어떻습니까?
나 : 맵지만 맛있습니다.

(1) 서비스가 좋다 / 비싸다
그 백화점이 어떻습니까?

(2) 좀 복잡하다 / 재미있다
이 게임이 어떻습니까?

(3) 작다 / 깨끗하다
하숙집 방이 어떻습니까?

(4) 값이 싸다 / 맛이 없다
그 음식점이 어떻습니까?

(5) 예쁘다 / 불편하다
이 옷이 어떻습니까?

단어 単語

- 크다 大きい
- 깨끗하다 きれいだ、清潔だ
- 시원하다 涼しい
- 수박 すいか
- 편하다 楽だ
- 디자인 デザイン
- 멋있다 かっこいい
- 운동화 運動靴
- 키가 크다 背が高い
- 얼굴 顔
- 예쁘다 きれいだ
- 싸다 安い
- 좋다 よい
- 쉽다 易しい
- 노래 歌
- 잘하다 上手だ
- 사과 りんご
- 귤 みかん
- 냉장고 冷蔵庫
- 파티 パーティー
- 고기 肉
- 생선 魚
- 김치 キムチ
- 서비스 サービス
- 비싸다 高い
- 복잡하다 複雑だ
- 작다 小さい
- 값 値段
- 맛이 없다 美味しくない
- 불편하다 不便だ

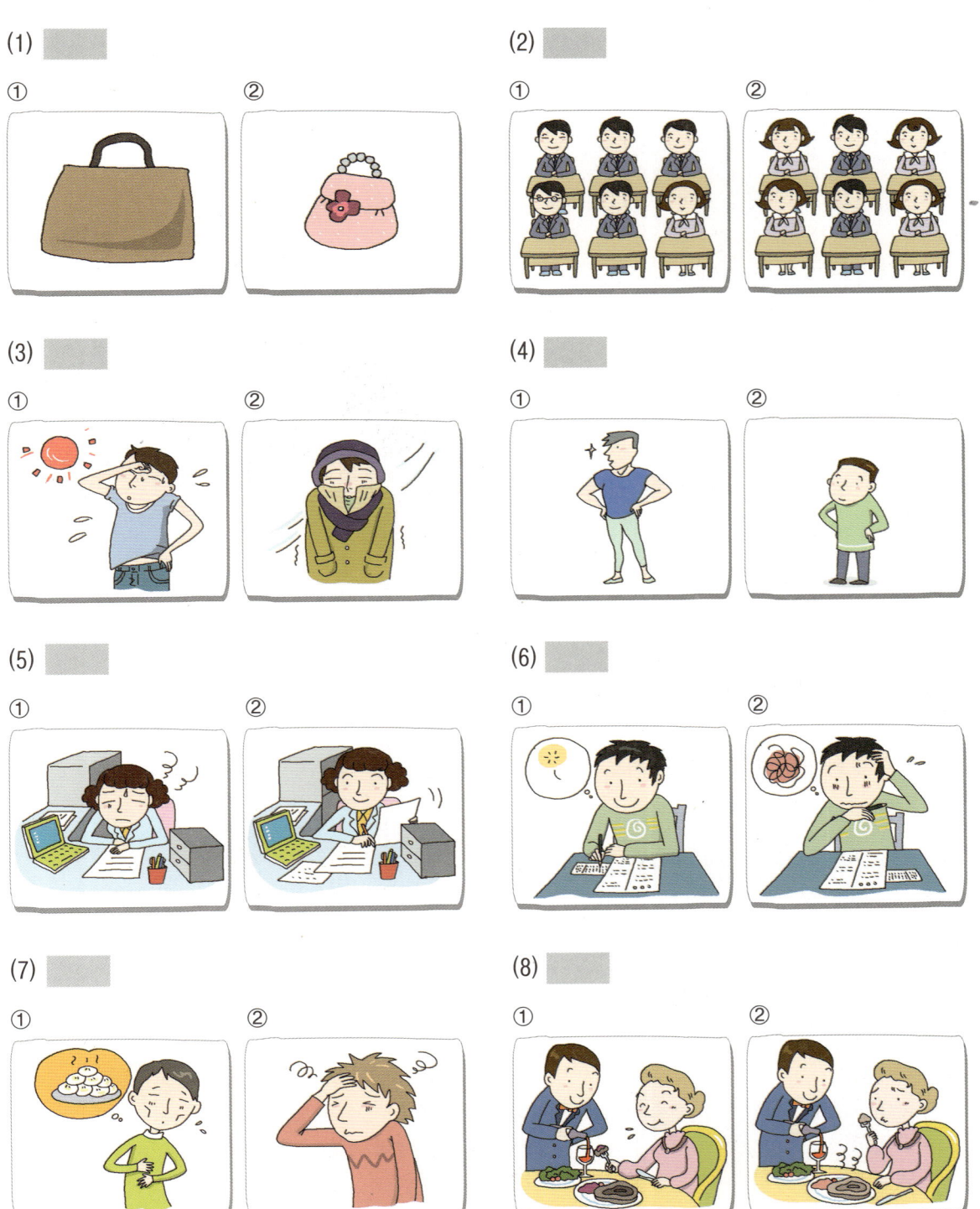

듣기

1 듣고 맞는 것을 고르십시오. 🔵 13-05
次の内容を聞いて、正しいものを選びなさい。

(1)　　　　　　　　　　　　　　　　(2)

(3)　　　　　　　　　　　　　　　　(4)

(5)　　　　　　　　　　　　　　　　(6)

(7)　　　　　　　　　　　　　　　　(8)

읽기

読解練習

하숙집

우리 하숙집은 신촌에 있습니다. 지하철역에서 가깝고 깨끗합니다.

밥도 맛있고 아주머니도 친절합니다.

우리들은 아침도 같이 먹고 저녁도 같이 먹습니다.

식사 시간에 이야기를 많이 합니다. 시끄럽지만 재미있습니다.

하숙집 사람들을 소개하겠습니다.

수잔 씨는 키가 크고 예쁩니다.

야마다 씨는 한국말을 잘합니다.

목소리가 크고 발음이 좋습니다.

이리나 씨는 조용하지만 친구가 많습니다.

우리들은 한국 생활이 즐겁습니다.

1 위 글을 읽고 <u>다른</u> 것을 고르십시오.
上記の内容と異なるものを選びなさい。

① 하숙집은 지하철역 근처에 있습니다.
② 이리나 씨는 말을 많이 하고 목소리가 큽니다.
③ 식사 시간은 시끄럽습니다.
④ 수잔 씨는 예쁘고 키가 큽니다.

단어 単語

- 하숙집 下宿
- 아주머니 おばさん（中年の女性）
- 시끄럽다 うるさい
- 발음 発音
- 생활 生活
- 가깝다 近い
- 친절하다 親切だ
- 소개하다 紹介する
- 조용하다 静かだ
- 즐겁다 楽しい
- 밥 ご飯
- 같이 一緒に
- 목소리 声
- 많다 多い

활동

무엇이 좋습니까?

좋은 점과 나쁜 점에 대해 말해 봅시다. 그림을 보고 보기 와 같이 연습하십시오.
よい点や悪い点について話してみましょう。イラストを見ながら 보기 のように練習してみましょう。

보기

학생 1 : 그 가게가 어떻습니까?
학생 2 : 주인이 친절하고 물건도 아주 좋습니다.
         물건이 좋지만 값이 좀 비쌉니다.

(1)
물건이 좋다 / 물건이 많다
편리하다 / 비싸다 / 싸다 / 복잡하다

(2)
크다 / 깨끗하다 / 조용하다 / 싸다
작다 / 불편하다 / 재미있다 / 밥이 맛있다

(3)
싸다 / 맛있다 / 사람이 많다
맛있다 / 비싸다 / 복잡하다 / 친절하다

(4)
키가 작다 / 귀엽다 / 예쁘다
날씬하다 / 키가 크다 / 멋있다

제13과 동대문 시장이 어떻습니까? 113

형용사 形容詞

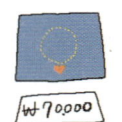

크다	작다	많다	적다	(날씨가) 좋다	(날씨가) 나쁘다
싸다	비싸다	맛있다	맛없다	재미있다	재미없다
쉽다	어렵다	덥다	춥다	맵다	친절하다
조용하다	시끄럽다	깨끗하다	더럽다	아프다	피곤하다
예쁘다	멋있다	귀엽다	키가 크다	키가 작다	

과일　果物

사과	배	귤	포도
수박	감	복숭아	딸기

한국 문화 엿보기　韓国文化探訪

市場の話

ナムデムン（南大門）市場とトンデムン（東大門）市場は、外国人にもとても有名なショッピングスポットです。衣類や靴、アクセサリーはもちろん、キッチン用品、寝具などの専門商店街が形成されています。トンデムン（東大門）地域では最近、高層ビルのファッション・ショッピングモールがたくさんできて、朝から翌日の夜中まで営業するなど、韓国の若者や外国人のためのショッピングの中心地となっています。また、家電や電子製品を専門に扱う「電子商店街」、各種生活用品や食品などが安く手に入る、大型ディスカウント・ショップも、多くの買い物客で賑わう場所です。ヨンサン（龍山）駅、カンビョン（江辺）駅の近くに位置する「電子商店街」、そしてソウル駅やヤンジェ（良才）など、ソウルや首都圏のあちこちにある大型スーパーマーケットなどが有名です。

제14과 사과가 얼마입니까?

🔘 14-01

앙　　리 : 사과가 얼마입니까?

가게주인 : 한 개에 1,000원입니다. 달고 맛있습니다.

앙　　리 : 다섯 개 주십시오. 귤은 1,000원에 몇 개입니까?

가게주인 : 귤은 1,000원에 3개입니다. 이 귤도 아주 답니다.

● **단어와 표현** 単語と表現

□ -개 －個　　　□ 달다 甘い　　　□ 아주 とても

アンリ　： りんご、いくらですか。
店主　　： 1つ 1000 ウォンです。甘くておいしいですよ。
アンリ　： 5個ください。みかんは 1000 ウォンで何個ですか。
店主　　： みかんは 1000 ウォンで 3 個です。このみかんもとても甘いですよ。

문법　文法

1 숫자 2

→ 韓国語の固有数字で、物事の数量を数えるときに使う。時間、年齢を述べるときにも使う。

* 単位を表す名詞の前によく来るが、このとき「하나」、「둘」、「셋」、「넷」、「스물」はそれぞれ「한-」、「두-」、「세-」、「네-」、「스무-」に形が変わる。

1	2	3	4	5	6	7	8	9	10
하나	둘	셋	넷	다섯	여섯	일곱	여덟	아홉	열
*(한)	(두)	(세)	(네)						
11	12	13	14	・・・		20	21	・・・	
열하나	열둘	열셋	열넷			스물	스물하나		
*(열한)	(열두)	(열세)	(열네)			(스무)	(스물한)		
30	40	50	60	70	80	90	100		
서른	마흔	쉰	예순	일흔	여든	아흔	백		

보기　교실에 학생이 **열한** 명 있습니다. 教室に学生が11名います。

　　　여덟 시에 일어났습니다. 8時に起きました。

　　　제 남동생은 **스무** 살입니다. 私の弟は20歳です。

2 -에

→ 単位を表す名詞に接続して基準を表す助詞である。

보기　커피 한 잔에 5,000원입니다.　コーヒー1杯で5,000ウォンです。

　　　　하숙비가 한 달에 얼마입니까?　下宿の家賃がひと月いくらですか。

　　　　일주일에 세 번 수업이 있습니다.　1週間に3回授業があります。

3 'ㄹ'불규칙 동사・형용사

→ 語幹がパッチム「ㄹ」で終わる動詞、後ろに子音「ㄴ、ㅂ、ㅅ」が来る形容詞は、語幹末の「ㄹ」が脱落する。

기본형 基本形	-(스)ㅂ니다	-(으)십시오	-(으)ㅂ시다	-았/었습니다
알다 知る	압니다	***	***	알았습니다
살다 住む	삽니다	사십시오	삽시다	살았습니다
놀다 遊ぶ	놉니다	노십시오	놉시다	놀았습니다
만들다 作る	만듭니다	만드십시오	만듭시다	만들었습니다
길다 長い	깁니다	***	***	길었습니다

보기　제가 그 사람을 잘 **압니다**.　私がその人をよく知っています。

　　　　한국에서 혼자 **사십니까**?　韓国で1人で暮らしていますか。

　　　　오늘은 즐겁게 **놉시다**.　今日は楽しく遊びましょう。

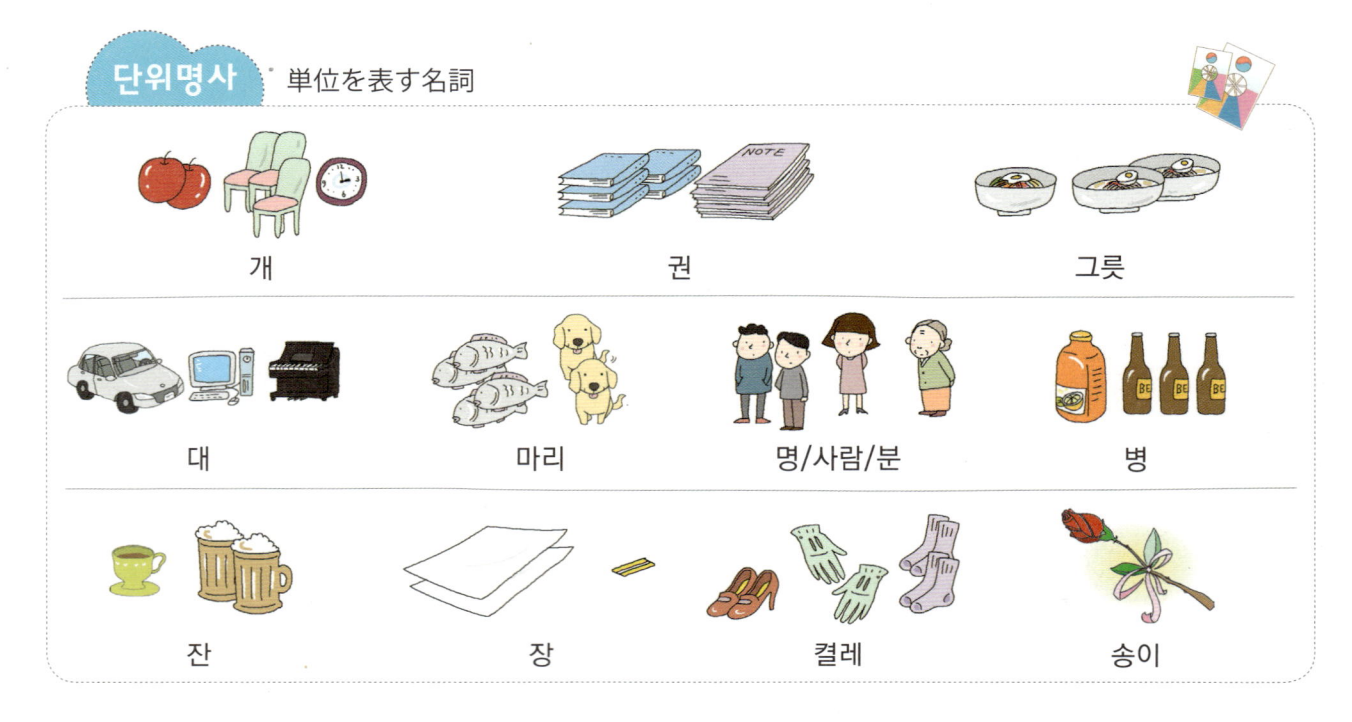

단위명사　単位を表す名詞

개　　　　　　권　　　　　　그릇

대　　　마리　　　명/사람/분　　　병

잔　　　　장　　　　켤레　　　　송이

1

보기

가 : 우표를 몇 장 샀습니까?
나 : 우표를 5장 샀습니다.

(1) 귤이 몇 개 있습니까?

(2) 커피를 몇 잔 마셨습니까?

(3) 주차장에 자동차가 몇 대 있습니까?

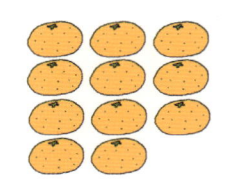

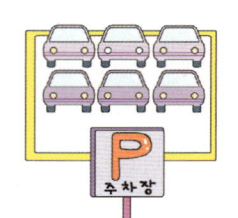

(4) 선생님이 몇 분 계십니까?

(5) 책을 몇 권 읽었습니까?

2

보기

주스 / 한 병 / 3,300원

가 : 주스가 얼마입니까?
나 : 주스가 한 병에 3,300원입니다.

(1) 라면 / 1개 / 800원

(2) 쇠고기 / 100그램 / 3,100원

(3) 갈비 / 1인분 / 25,000원

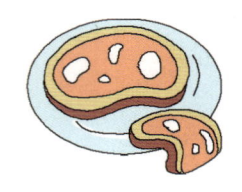

(4) 양말 / 3켤레 / 6,000원

(5) 꽃 / 한 송이 / 1,200원

3

보기

김밥을 만들다

가 : 김밥을 만드십니까?
나 : 네, 김밥을 만듭니다.

(1) 선생님 전화번호를 알다

(2) 일요일에도 가게 문을 열다

(3) 아파트에서 살다

(4) 편의점에서 볼펜을 팔다

(5) 아이가 잘 놀다

단어 単語　□우표 切手　□주차장 駐車場　□자동차 車、自動車　□-대 ～台　□라면 ラーメン　□쇠고기 牛肉
□-그램 ～グラム　□갈비 カルビ　□-인분 ～人分　□양말 靴下　□김밥 キムパプ（食べ物の名前）
□만들다 作る　□알다 知る　□가게 店　□열다 開ける　□살다 住む、暮らす
□편의점 コンビニエンスストア　□볼펜 ボールペン　□팔다 売る　□놀다 遊ぶ

듣기

聞き取り練習

1 듣고 맞는 것을 고르십시오. 🔘 14-05
次の内容を聞いて、正しいものを選びなさい。

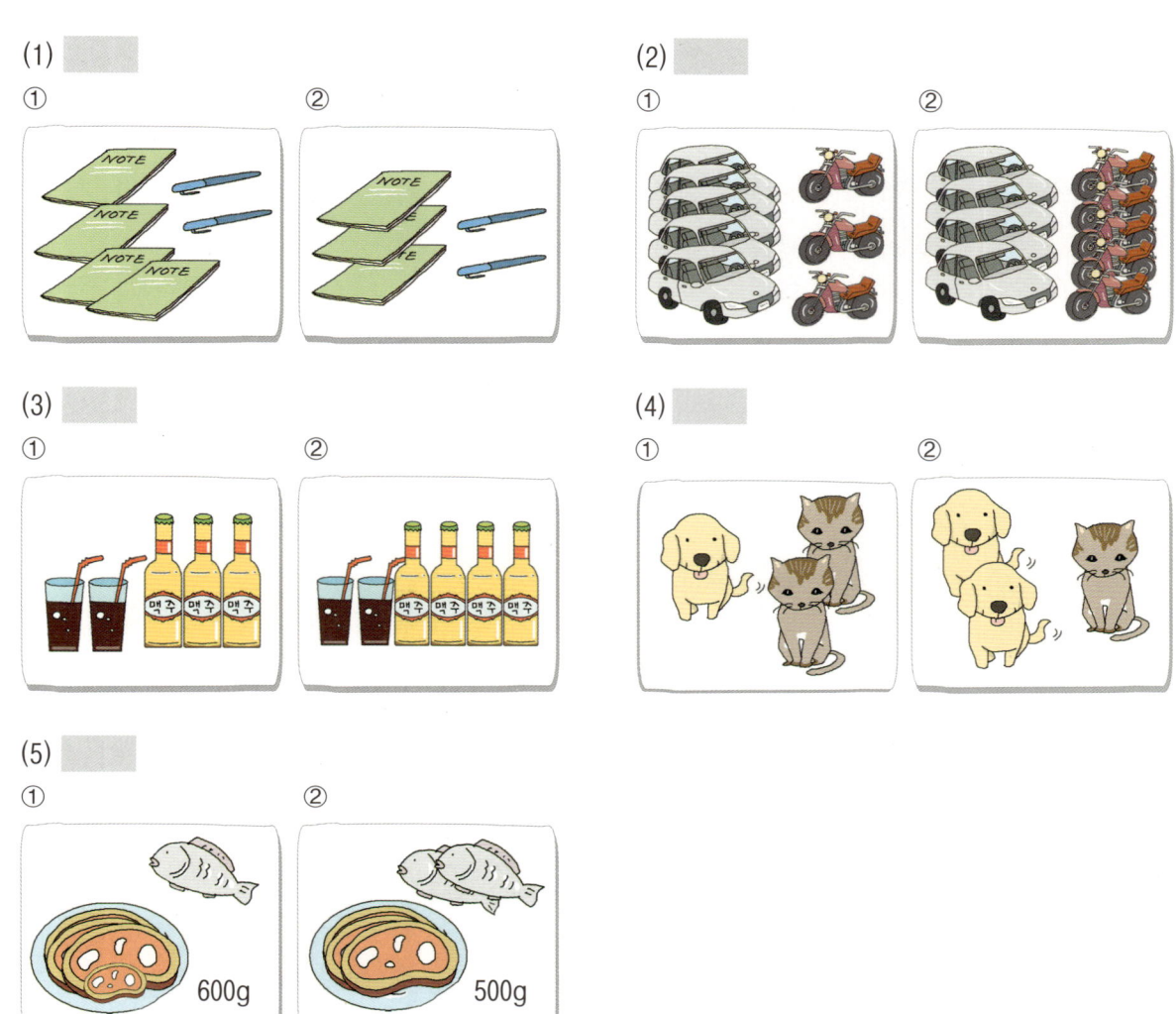

(1) ① ②

(2) ① ②

(3) ① ②

(4) ① ②

(5) ① ②

2 듣고 빈칸에 쓰십시오. 🔘 14-06
次の内容を聞いて、空欄を埋めなさい。

(1) 교실에 의자가 (　　　) 있습니다.

(2) 콘서트 표를 (　　　) 샀습니다.

(3) 하숙집에 일본 사람이 (　　　), 중국 사람이 (　　　) 있습니다.

(4) 이 사과는 (　　　　　　　　)입니다.

(5) 이 술은 (　　　　　　　　)입니다.

제**14**과 사과가 얼마입니까? 121

읽기

영수증

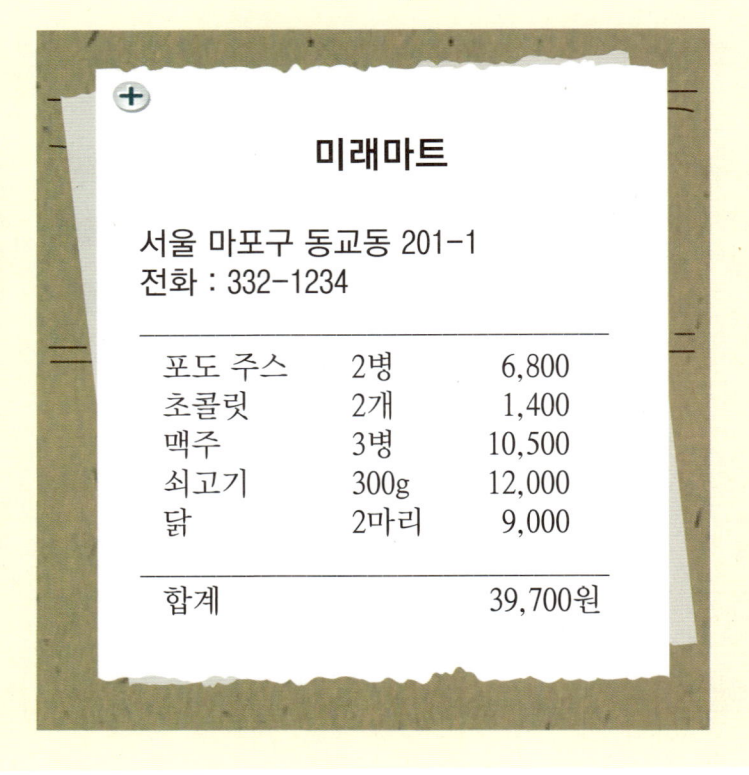

미래마트

서울 마포구 동교동 201-1
전화 : 332-1234

포도 주스	2병	6,800
초콜릿	2개	1,400
맥주	3병	10,500
쇠고기	300g	12,000
닭	2마리	9,000

합계　　　　　　　　　39,700원

1 영수증을 보고 _____에 답을 쓰십시오. 그리고 읽어 봅시다.
レシートを見て空欄を埋めなさい。それから文章を読んでみましょう。

(1) 포도 주스는 한 병에 _____입니다. 포도 주스를 _____ 샀습니다.

(2) 쇠고기는 100g에 _____입니다. 쇠고기를 _____ 샀습니다.

(3) 초콜릿은 _____ 700원입니다. 초콜릿을 _____ 샀습니다.

(4) 닭은 _____ 4,500원입니다. 닭을 _____ 샀습니다.

단어 単語

- 영수증 領収書、レシート
- 포도 ぶどう
- 초콜릿 チョコレート
- 닭 鶏

이거 얼마예요?

한 사람은 손님, 다른 사람은 가게 주인입니다. 가게 주인은 물건 값을 씁니다. 손님이 값을 물어보면 주인이 대답합니다. 손님과 주인을 바꾸어서 해 봅시다.

1人はお客を、1人は店主をします。店主は商品の値段を書きます。お客が値段を聞いたら、店主が答えます。お客と店主役を替えてやってみましょう。

보기

손님 : 이 귤이 얼마예요?
주인 : 1kg에 5,000원입니다.
손님 : 배는 얼마입니까?
주인 : 배는 한 개에 2,000원입니다.
손님 : 배 2개하고 귤 1kg 주십시오. 전부 얼마입니까?
주인 : 9,000원입니다.

과일 가게
- 1개 ( )원
- 1개 ( )원
- 1kg ( )원
- 1kg ( )원

문방구
- 1권 ( )원
- 1개 ( )원
- 1개 ( )원
- 1개 ( )원

슈퍼 마켓
- 100g ( )원
- 100g ( )원
- 400g ( )원
- 100g ( )원

옷 가게
- ( )원
- ( )원
- ( )원
- ( )원
- ( )원

제15과 갈비 2인분하고 물냉면 두 그릇 주십시오

🔵 15-01

상우 : 뭘 드시겠습니까? 저는 배가 고픕니다.

제니 : 물냉면을 먹겠습니다.

상우 : 이 집은 냉면도 맛있고 갈비도 맛있습니다.

제니 : 그럼 갈비와 냉면을 먹겠습니다.

상우 : 여기요, 갈비 2인분하고 물냉면 두 그릇 주십시오.

● 단어와 표현 単語と表現

- 뭘 何を
- 갈비 カルビ（食べ物の名前）
- 주다 あげる
- 배가 고프다 お腹がすいた
- 그럼 それでは
- 물냉면 水冷麺（食べ物の名前）
- 여기요 あのう

サンウ ： 何を召し上がりますか。私はお腹がすいています。
ジェニー ： 水冷麺を食べます。
サンウ ： この店は冷麺もおいしいし、カルビもおいしいです。
ジェニー ： じゃ、カルビと冷麺を食べます。
サンウ ： あのう、カルビ2人分と水冷麺2つください。

문법 文法

1 -와/과

→ 2つ以上の名詞を列挙するときに使う助詞で、パッチムがない場合は「와」、パッチムがある場合は「과」を使う。「하고 (〜と)」はパッチムに関係なく使われ、会話でよく使われる。

보기 교실에 의자**와** 책상이 있습니다. 教室に椅子と机があります。

수요일**과** 금요일에 아르바이트를 합니다. 水曜日と金曜日にアルバイトをします。

가게에서 우유**하고** 빵을 샀습니다. 店で牛乳とパンを買いました。

2 -겠

→ 話し手の意志や未来を表す。主語が二、三人称である場合、話し手の推測を表す。

보기 내년에 다시 한국에 오**겠**습니다. 来年、また韓国に来ます。

그 사람을 만나지 않**겠**습니다. その人に会いません。

내일은 비가 오**겠**습니다. 明日は雨が降るでしょう。

유형 연습

1

보기

양말 / 구두

양말과 구두
양말하고 구두

(1) 종이 / 연필

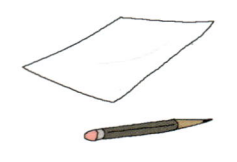

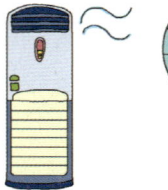

(2) 에어컨 / 선풍기

(3) 서울 / 부산

(4) 오빠 / 언니

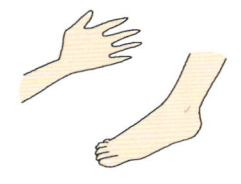

(5) 손 / 발

2

보기

가 : 아침에 무엇을 먹었습니까?
나 : 밥과 국을 먹었습니다.
 / 밥하고 국을 먹었습니다.

(1) 책상 위에 무엇이 있습니까?

(2) 사무실에 누가 계십니까?

(3) 그 가게에서 무엇을 팝니까?

(4) 무엇을 받았습니까?

(5) 회사가 언제 쉽니까?

3

보기

가 : 여기에서 기다리시겠습니까?
나 : 네, 여기에서 기다리겠습니다.

(1) 오후에 다시 전화하시겠습니까?

(2) 이것을 사시겠습니까?

(3) 비빔밥을 드시겠습니까?

(4) 내일 아침에 일찍 오십시오.

(5) 집에서 많이 연습하십시오.

단어 単語 □종이 紙 □선풍기 扇風機 □오빠 (女性からみて) 兄 □언니 (女性からみて) 姉 □손 手 □발 足 □밥 ご飯 □국 汁 □여기 ここ

제15과 갈비 2인분하고 물냉면 두 그릇 주십시오

듣기

聞き取り練習

1 듣고 맞는 것을 고르십시오. 15-05
次の内容を聞いて正しいものを選びなさい。

(1) 이 사람들은 무엇을 시키겠습니까?

① 김치찌개　　② 된장찌개 　　③ 순두부찌개

(2) 이 사람들은 무엇을 시켰습니까?

① 칼국수 2그릇, 만두 1인분　　② 칼국수 2그릇 　　③ 칼국수 1그릇, 만두 1인분

(3) 여기는 어디입니까?

① 한식집　　② 중국집 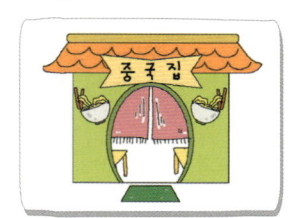　　③ 일식집

2 듣고 이어지는 대답을 고르십시오. 15-06
会話を聞いて、次に続く返事を選びなさい。

(1)
① 불고기를 드셨습니다.　　② 갈비를 먹겠습니다.　　③ 불고기하고 갈비를 먹습니다.

(2)
① 피자를 드십시오.　　② 네, 시키십시오.　　③ 저는 스파게티가 좋습니다.

한국 음식

저는 지난달에 한국에 왔습니다.
한국은 처음입니다.
어제는 혼자 식당에 갔습니다.
저는 한국 음식 이름을 잘 모릅니다.
메뉴를 읽었습니다.
그리고 '비냉국'을 시켰습니다.
그런데 주인 아주머니가 웃었습니다.
그건 음식 이름이 아니었습니다.
그래서 갈비탕을 시켰습니다.
갈비탕은 아주 맛있었습니다.

1 위 글을 읽고 질문에 대답을 쓰십시오.
  上記の文章を読んで、質問の答えを書きなさい。

  (1) 이 사람은 언제 한국에 왔습니까?

  (2) 이 사람은 한국 음식 이름을 잘 압니까?

  (3) 이 사람은 무엇을 먹었습니까?

  (4) '비냉국'은 음식 이름입니까?

단어 単語

- 지난달 先月
- 처음 初めて
- 혼자 1人で
- 음식 料理、食べ物
- 모르다 知らない、わからない
- 메뉴 メニュー
- 시키다 注文する
- 그런데 ところが
- 주인 아주머니 お店のおばさん
- 웃다 笑う
- 그래서 それで、だから
- 갈비탕 カルビタン(食べ物の名前)

음식을 주문합시다

아래의 메뉴를 보고 보기 와 같이 음식을 주문하십시오.
下のメニューを見て 보기 のように料理を注文しましょう。

보기

히로미: 뭘 드시겠습니까?
상 우: 저는 김밥과 떡볶이를 먹겠습니다.
　　　　히로미 씨는요?
히로미: 저는 볶음밥을 먹겠습니다.
상 우: 여기, 볶음밥 하나하고,
　　　　참치김밥 한 줄, 떡볶이 1인분
　　　　주십시오.

맛있는 김밥

순두부찌개 - 4,000 원
된장찌개 - 4,000 원
김치찌개 - 4,000 원
돌솥비빔밥 - 4,500 원
볶음밥 - 4,500 원

김치김밥 - 2,500 원
참치김밥 - 2,500 원
떡볶이 - 3,000 원
만두 - 4,000 원
라면 - 2,500 원

24시간 신속배달

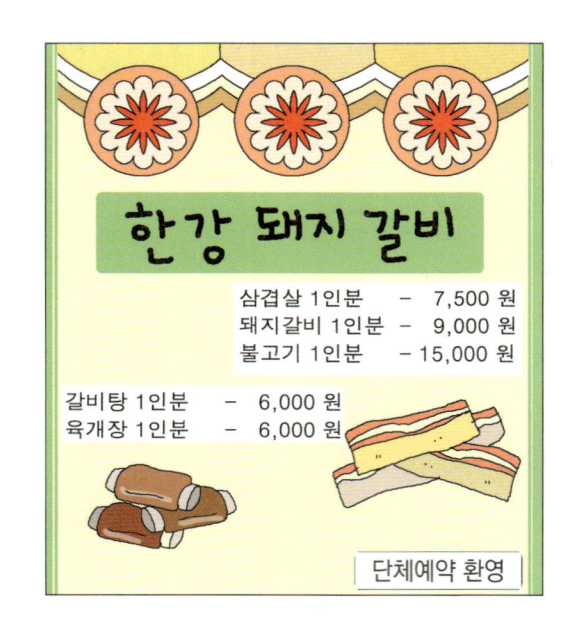

한강 돼지 갈비

삼겹살 1인분 - 7,500 원
돼지갈비 1인분 - 9,000 원
불고기 1인분 - 15,000 원

갈비탕 1인분 - 6,000 원
육개장 1인분 - 6,000 원

단체예약 환영

델리 카페

아메리카노 - 2,500 원
카페라떼 - 3,500 원
카푸치노 - 3,500 원
에스프레소 - 3,500 원
녹차라떼 - 3,000 원

치즈케이크 - 3,500 원
녹차케이크 - 3,500 원
고구마케이크 - 3,500 원

초코와플 - 4,000 원
바나나와플 - 4,000 원

음식 　飲食

김치찌개	 된장찌개	 순두부찌개	 불고기	 갈비
 삼겹살	 삼계탕	 비빔밥	 칼국수	 냉면
 라면	 생선초밥	 생선회	 우동	 자장면
 짬뽕	 탕수육	 햄버거	 피자	 스파게티

한국 문화 엿보기 　韓国文化探訪

韓国の家庭料理

韓国人は普段、自宅でどんな料理を食べているのでしょうか。韓国料理の伝統的なメニューは、ご飯と汁物（またはチゲ）、そしていくつかの「반찬（おかず）」が基本となります。おかずとしては、キムチを毎日のように食べ、ナムル（野菜の和え物）、ジョン（韓国式のお好み焼き）や魚、肉料理が食卓に並びます。食堂でも時おり「가정식 백반（家庭式定食）」というメニューを目にしますが、これは家庭でよく食べるようなメニューをいいます。最近では韓国料理以外でも、カレーライスやチャーハン、トンカツなども家庭でよく食べられています。

제**15**과 갈비 2인분하고 물냉면 두 그릇 주십시오

제16과 아르바이트가 몇 시에 끝납니까?

야마다 : 민지 씨, 내일 오후에 시간이 있습니까?

민 지 : 아니요, 2시에 약속이 있습니다.

야마다 : 내일 저녁은 어떻습니까?

민 지 : 저녁에는 날마다 아르바이트를 합니다.

야마다 : 아르바이트가 보통 몇 시에 끝납니까?

● **단어와 표현** 単語と表現

□ **시간이 있다** 時間がある　　□ **약속** 約束　　□ **날마다** 毎日
□ **보통** 普通、普段

山田　　：ミンジさん、明日の午後、時間ありますか。
ミンジ　：いいえ、2時に約束があります。
山田　　：明日の夜はどうですか。
ミンジ　：夜は毎日、アルバイトをします。
山田　　：アルバイトは普通何時に終わりますか。

문법　文法

1　시간 (-시 -분)

→ 時間を言うとき、「시（時）」は「한、두、세……」と固有数字で、「분（分）」は「일、이、삼……」と漢数字で表現する。

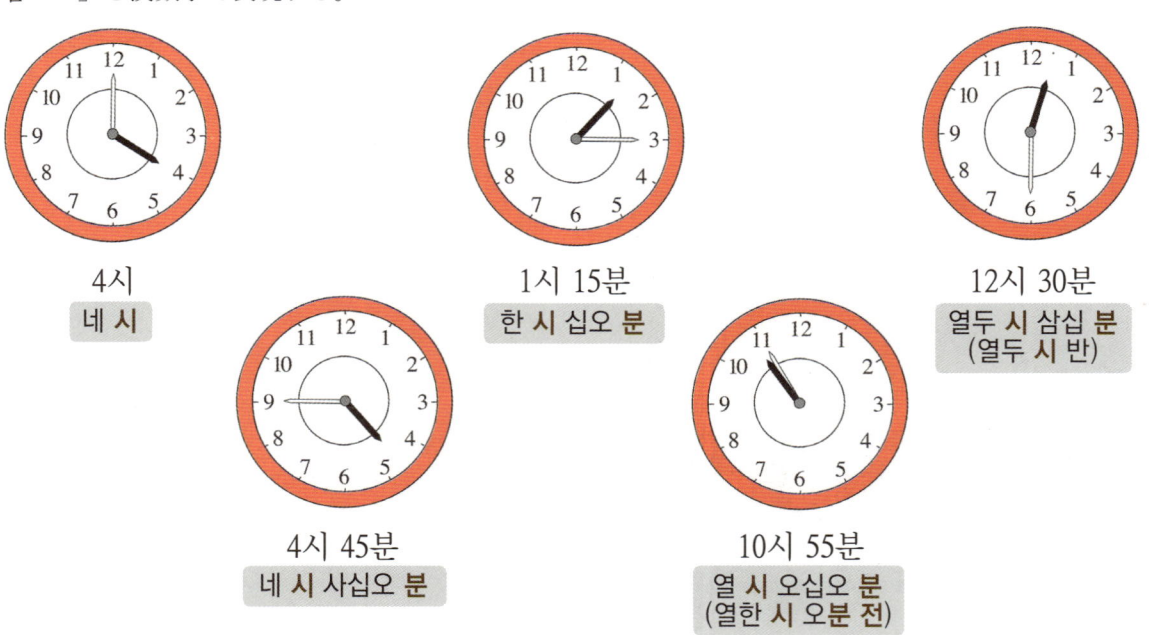

4시
네 시

1시 15분
한 시 십오 분

12시 30분
**열두 시 삼십 분
(열두 시 반)**

4시 45분
네 시 사십오 분

10시 55분
**열 시 오십오 분
(열한 시 오분 전)**

제**16**과 아르바이트가 몇 시에 끝납니까? 133

2 −마다

→ 「ひとつひとつもれなく、こぞって」という意味の助詞である。時間を表す名詞に接続する場合は「その時間に1回ずつ」という意味になる。

보기 방**마다** 에어컨이 있습니다. 各部屋にエアコンがあります。

아침**마다** 친구하고 운동을 합니다. 毎朝、友だちと運動をします。

버스가 20분**마다** 옵니다. バスが20分ごとに来ます。

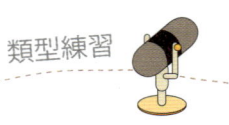

유형연습 / 類型練習

1

보기

가 : 몇 시입니까?
나 : 아홉 시 사십오 분입니다.

(1) (2) 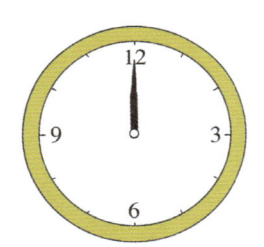 (3)

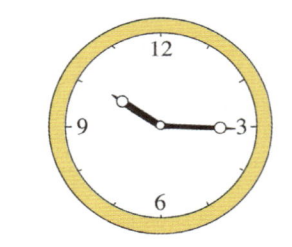

(4)  (5)

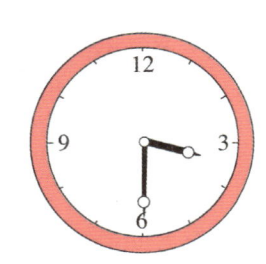

2

보기

저녁 9시

가 : 몇 시에 텔레비전 뉴스를 합니까?
나 : 저녁 아홉 시에 뉴스를 합니다.

(1) 오후 1시

몇 시에 한국어 수업이 끝납니까?

(2) 오전 8시 40분

비행기가 몇 시에 도착합니까?

(3) 11시

어제 몇 시에 주무셨습니까?

(4) 12시 반

보통 몇 시에 점심을 드십니까?

(5) 6시

오늘 몇 시에 퇴근하십니까?

3

보기

가 : 언제 테니스를 칩니까?
나 : 주말마다 테니스를 칩니다.

(1) 언제 회의를 합니까?

(2) 한국에 자주 옵니까?

(3) 무슨 요일에 산에 가십니까?

(4) 숙제가 있습니까?

(5) 지하철이 몇 분마다 있습니까?

단어 単語　□ 뉴스 ニュース　□ 오전 午前　□ 도착하다 到着する　□ 주무시다 お休みになる
　　　　　□ 퇴근하다 退勤する　□ 회의 会議　□ 자주 よく　□ 산 山

제**16**과 아르바이트가 몇 시에 끝납니까?

듣기

聞き取り練習

1 듣고 맞는 번호를 쓰십시오. 🔘 16-05
次の内容を聞いて、正しいものの番号を書きなさい。

(1) _____   (2) _____   (3) _____

① ②  ③

④  ⑤

2 듣고 시계에 시간을 표시하십시오. 🔘 16-06
次の内容を聞いて、時計に時間を書きなさい。

(1)   (2) 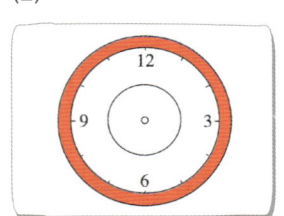   (3)

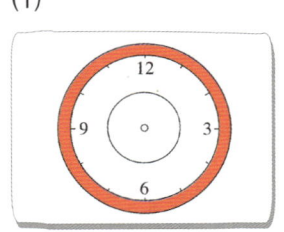

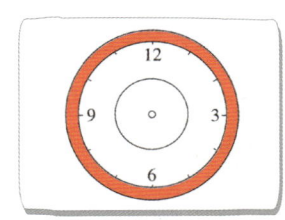

읽기

読解練習

윤상우 씨의 하루

윤상우 씨의 하루입니다.

오늘은 7시에 일어났습니다.
7시 50분에 아침을 먹었습니다.
8시 30분에 회사에 도착했습니다.
오전에 일이 많았습니다.
10시에 회의를 시작했습니다.
12시에 회의가 끝났습니다.
12시 반에 점심을 먹었습니다.
오후에는 손님을 만났습니다. 6시 반에 퇴근했습니다.

1 상우 씨는 퇴근 후에 무엇을 했습니까? 여러분이 이야기를 만드십시오.
サンウさんは退勤後、何をしましたか。皆さんで話を作ってみましょう。

상우 씨는

단어 単語

□ 하루 1日　　　□ 일어나다 起きる　　　□ 일 仕事

제**16**과 아르바이트가 몇 시에 끝납니까? 137

몇 시에 합니까?

아래의 TV 프로그램 표를 보고 보기 와 같이 묻고 대답하십시오.
下の番組表を見て、보기 のように聞いたり答えたりしましょう。

보기
학생 1 : KBS1에서 10시 30분에 무엇을 합니까?
학생 2 : 10시 30분에 '오늘의 요리'를 합니다.

학생 1

KBS1	KBS2	MBC	SBS
6:00	6:20 세상의 아침	6:20 뉴스투데이	6:00 모닝와이드
7:45 하나둘셋유치원	7:30	7:50	7:30 날씨와 건강
8:20 TV소설	8:00 뉴스타임	8:30 오늘의 아침	8:00
9:00 아침마당	9:10	9:30	9:30 웰빙 요리
10:30	10:30 기분 좋은 날	10:00 여성저널	10:20 뉴스와 생활경제
11:10 세계여행	11:00 쇼핑정보	11:00 세계여행	11:00

학생 2

KBS1	KBS2	MBC	SBS
6:00 KBS뉴스	6:20	6:20 뉴스투데이	6:00 모닝와이드
7:45 하나둘셋유치원	7:30 생활요가	7:50 아침드라마	7:30
8:20	8:00 뉴스타임	8:30	8:00 좋은 아침
9:00 아침마당	9:10 인간극장	9:30 MBC뉴스	9:30 웰빙 요리
10:30 오늘의 요리	10:30	10:00 여성저널	10:20 뉴스와 생활경제
11:10	11:00 쇼핑정보	11:00	11:00 주부 퀴즈왕

외래어 — 外来語の表記

넥타이 ネクタイ	엘리베이터 エレベーター
라디오 ラジオ	주스 ジュース
메뉴 メニュー	초콜릿 チョコレート
버스 バス	카메라 カメラ
볼펜 ボールペン	커피 コーヒー
비디오 ビデオ	컴퓨터 パソコン、コンピューター
빌딩 ビル	케이크 ケーキ
쇼핑 ショッピング	크리스마스 クリスマス
슈퍼/슈퍼마켓 スーパー／スーパーマーケット	택시 タクシー
아르바이트 アルバイト	텔레비전 テレビ
아이스크림 アイスクリーム	파티 パーティー
아파트 アパート	팩스 ファックス／ファクシミリ
에어컨 エアコン	호텔 ホテル

제 17 과 언제부터 그 회사에서 일하셨습니까?

야마다 : 언제부터 그 회사에서 일하셨습니까?

제 니 : 금년 3월부터 일했습니다.

그 전에는 중국에서 근무했습니다.

야마다 : 아, 그렇습니까?

저도 한국에 오기 전에 중국에서 공부했습니다.

제 니 : 언제부터 언제까지 중국에 계셨습니까?

◉ **단어와 표현** 単語と表現

▫ 금년 今年　　　　▫ 3월 3月　　　　▫ 근무하다 勤務する
▫ 그렇다 そうだ

山田　　　：いつからその会社で働いていらっしゃいますか。
ジェニー：今年の3月から働いています。その前は中国で働きました。
山田　　　：あ、そうですか。私も韓国に来る前に中国で勉強しました。
ジェニー：いつからいつまで中国にいらっしゃいましたか。

문법　　　文法

1　-부터 -까지

→ 時間や場所の始点と終点を表す助詞である。場所を表す場合には「-부터」の代わりに「-에서」をよく使う。

보기　3시**부터** 4시**까지** 공부합니다.　3時から4時まで勉強します。

　　　　작년 12월**부터** 서울에서 살았습니다.　昨年12月からソウルで暮らしています。

　　　　서울에서 부산**까지** 기차로 4시간입니다.　ソウルから釜山まで列車で4時間です。

2　-기 전에

→ 後続の動作が前の動作より時間的に先に起こることを表す。名詞に接続する場合は「-전에」を、動詞に接続する場合は「-기 전에」を使う。

보기　두 달 **전에** 집을 샀습니다.　2カ月前に家を買いました。

　　　　한국에 오기 **전에** 미국에서 일을 했습니다.　韓国に来る前にアメリカで仕事をしました。

　　　　찾아가기 **전에** 전화로 약속을 하십시오.　訪問する前に電話で約束をしてください。

유형 연습

1 〔보기〕

가: 몇 시부터 몇 시까지 운동을 합니까?
나: 7시부터 8시까지 운동을 합니다.

(1) 몇 시부터 몇 시까지 한국말을 공부합니까?

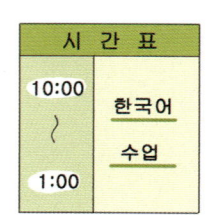

(2) 며칠부터 며칠까지 휴가입니까?

(3) 언제부터 언제까지 시험입니까?

(4) 몇 페이지부터 몇 페이지까지 읽었습니까?

(5) 몇 층부터 몇 층까지 주차장입니까?

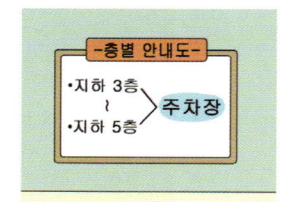

2 〔보기〕

2시간

가: 언제 약을 먹었습니까?
나: 2시간 전에 먹었습니다.

(1) 1주일

언제 그 친구를 만났습니까?

(2) 두 달

언제 한국에 오셨습니까?

(3) 1년

언제 한국말 공부를 시작했습니까?

(4) 결혼

언제 그 회사에서 일했습니까?

(5) 출근

언제 운동을 합니까?

3

보기

자다 / 샤워를 합니다.

자기 전에 샤워를 합니다.

(1) 한국에 오다 / 미국에서 살았습니다.

(2) 옷을 입다 / 화장을 합니다.

(3) 취직하다 / 유럽 여행을 했습니다.

(4) 수영하다 / 준비운동을 하십시오.

(5) 밥을 먹다 / 손을 씻으십시오.

단어 単語　□ 휴가 休暇　□ 시험 試験　□ 페이지 ページ　□ 약 薬　□ -주일 ～週間　□ -달 ～カ月　□ 출근 出勤
□ 샤워 シャワー　□ 화장 化粧　□ 취직하다 就職する　□ 유럽 ヨーロッパ　□ 여행 旅行
□ 준비운동 準備運動　□ 씻다 洗う

제**17**과 언제부터 그 회사에서 일하셨습니까? 143

듣기

1 이리나 씨의 하루입니다. 듣고 순서대로 번호를 쓰십시오. 🔵 17-05

イリナさんの1日です。次の内容を聞いて順番に番号を書きなさい。

①

읽기 读解练习

언제입니까?

저는 2002년 2월에 고등학교를 졸업했습니다.
그리고 2002년 3월에 대학교에 입학했습니다.
2006년 2월부터 2007년 3월까지 일본에서 유학을 했습니다.
그리고 2007년 4월에 은행에 취직을 했습니다.
은행에서 지금의 아내를 만났습니다.
2009년 7월에 결혼했습니다.

1 위 글을 읽고 대답을 쓰십시오. 上記の文を読んで答えを書きなさい。

(1) 언제 고등학교를 졸업했습니까?

(2) 취직하기 전에 무엇을 했습니까?

2 위와 같이 여러분의 이야기를 해 보십시오. 上記の問いと答えのように皆さんの話をしてみましょう。

단어 単語

- 고등학교 高等学校
- 졸업하다 卒業する
- 입학하다 入学する
- 유학 留学

제**17**과 언제부터 그 회사에서 일하셨습니까? 145

활동

教室活動

언제부터 언제까지 합니까?

1 아래의 그림을 보고 보기 와 같이 묻고 대답하십시오.
下のイラストを見て、보기 のように聞いたり答えたりしましょう。

> **보기**
>
> 학생 1 : 뮤지컬 '캣츠'는 언제부터 언제까지 합니까?
> 학생 2 : 4월 5일부터 4월 14일까지 합니다.
> 학생 1 : 몇 시에 합니까? 어디에서 합니까? 티켓은 얼마입니까?

〈학생 1〉

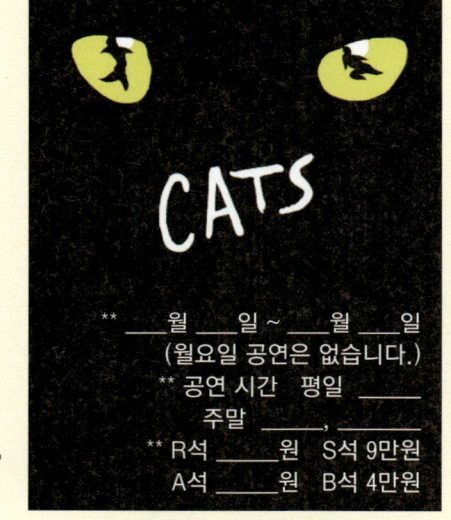

뮤지컬 '캣츠'

** ___월 ___일 ~ ___월 ___일
(월요일 공연은 없습니다.)
** 공연 시간 평일 _____
　　　　　　 주말 _____ , _____
** R석 _____원　S석 9만원
　 A석 _____원　B석 4만원

가나다한국어학원

8월 수업 안내
　기간　　　 8/4~8/31
　수업 시간　10:00~12:50
　휴일　　　 8/15 ~ 8/17

1주일 특별프로그램 안내
　기간　　　 8/8 ~ 8/13
　수업 시간　9:00 ~ 13:00

〈학생 2〉

뮤지컬 '캣츠'

** 4월 5일~4월 14일
(월요일 공연은 없습니다.)
** 공연 시간　평일 오후 7:30
　　　　　　 주말 오후 3:00 7:30
** R석 12만원　　S석 9만원
　 A석 6만원　　 B석 4만원

가나다한국어학원

8월 수업 안내
　기간　　　 __월__일 ~ __월__일
　수업 시간　_____ ~ _____
　휴일　　　 8/15 ~ _____

1주일 특별프로그램 안내
　기간　　　 8/8 ~ 8/13
　수업 시간　_____ ~ _____

2 한국에서 백화점, 은행, 우체국은 몇 시부터 몇 시까지 합니까? 여러분 나라는 어떻습니까?
韓国では、デパート、銀行、郵便局は何時から何時までですか。皆さんの国ではどうですか。

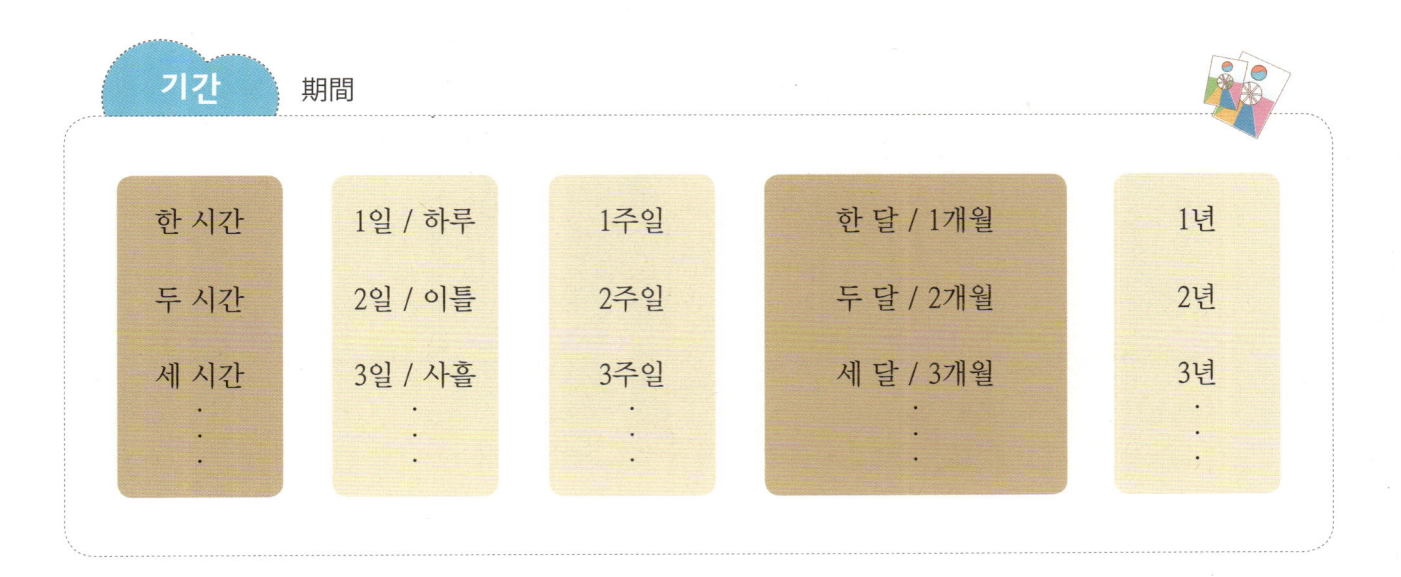

○○백화점
오전 10:30 ~ 오후 8:00

○○은행
오전 9:00 ~ 오후 4:00

○○우체국
오전 9:00 ~ 오후 6:00

기간 期間

한 시간	1일 / 하루	1주일	한 달 / 1개월	1년
두 시간	2일 / 이틀	2주일	두 달 / 2개월	2년
세 시간	3일 / 사흘	3주일	세 달 / 3개월	3년
⋮	⋮	⋮	⋮	⋮

제17과 언제부터 그 회사에서 일하셨습니까?

제18과 그럼 5시 반에 극장 앞에서 만납시다

이리나: 리밍 씨, 오늘 수업 후에 무엇을 합니까?

리 밍: 수업이 끝난 후에 태권도를 배우러 갑니다.

이리나: 6시에 정동극장에서 뮤지컬 공연이 있습니다. 같이 가시겠습니까?

리 밍: 네, 좋습니다. 같이 갑시다.

이리나: 그럼 5시 반에 극장 앞에서 만납시다.

● 단어와 표현　単語と表現

▫ 태권도　テコンドー　　　▫ 뮤지컬　ミュージカル　　　▫ 공연　公演
▫ 정동극장　ジョンドン劇場

イリナ　：リ・ミンさん、今日、授業の後に何をしますか。
リ・ミン　：授業が終わった後にテコンドーを習いに行きます。
イリナ　：6時にジョンドン劇場でミュージカルの公演があります。一緒に行きませんか。
リ・ミン　：ええ、いいですよ。一緒に行きましょう。
イリナ　：それでは5時半に劇場の前で会いましょう。

문법　文法

1　-(으)ㄴ 후에

→ 前の動作の後で後続の動作が起こることを表す。名詞の場合は「-후에」が、動詞の語幹にパッチムがない場合は「-ㄴ 후에」が、パッチムがある場合は「-은 후에」を使う。

보기　30분 **후에** 출발합시다.　30分後に出発しましょう。

　　　식사 **후에** 차를 마셨습니다.　食事の後にお茶を飲みました。

　　　사진을 찍**은 후에** 구경을 하겠습니다.　写真を撮った後に見物をします。

2　-(으)ㅂ시다

→ 他者に、ある動作を一緒にすることを勧誘するときに使う。動詞の語幹にパッチムがない場合は「-ㅂ시다」を、パッチムがある場合は「-읍시다」を使う。なお、否定形は「-지 맙시다」である。

보기　저는 지금 식당에 갑니다. 같이 **갑시다**.　私は今、レストランに行きます。一緒に行きましょう。

　　　경치가 좋습니다. 사진을 찍**읍시다**.　景色がいいです。写真を撮りましょう。

　　　날씨가 춥습니다. 테니스를 치지 **맙시다**.　寒いです。テニスをするのはやめましょう。

유형 연습

1

보기

1년

가: 언제 결혼합니까?
나: 1년 후에 결혼합니다.

(1) 6개월
언제 학교를 졸업합니까?

(2) 2주일
언제 미국에 여행갑니까?

(3) 30분
언제 비행기가 도착합니까?

(4) 퇴근
언제 운동을 합니까?

(5) 식사
언제 커피를 마십니까?

2

보기

밥을 먹다 / 이를 닦습니다.

밥을 먹은 후에 이를 닦습니다.

(1) 수업이 끝나다 / 아르바이트를 합니다.

(2) 영화를 보다 / 무엇을 했습니까?

(3) 졸업하다 / 회사에 들어갔습니다.

(4) 저녁을 먹다 / 텔레비전을 봅니다.

(5) 책을 읽다 / 이야기를 쓰십시오.

3

보기

같이 놀러 가다

가 : 다음 주 금요일부터 휴가입니다.
나 : 같이 놀러갑시다.

(1) 같이 가다

시청 앞 광장에서 서울페스티벌을 합니다.

(2) 점심을 먹다

배가 고픕니다.

(3) 그럼 5시 반에 만나다

영화가 6시에 시작합니다.

(4) 좀 쉬다

다리가 아픕니다.

(5) 여기서 사진을 찍다

이 꽃이 예쁩니다.

단어 単語　□이 この　□닦다 磨く　□들어가다 入る　□다음 주 来週　□광장 広場　□페스티벌 フェスティバル
　　　　　　□다리 足　□아프다 痛い　□찍다 (写真を) 撮る

제**18**과　그럼 5시 반에 극장 앞에서 만납시다

듣기

聞き取り練習

1 듣고 순서대로 번호를 쓰십시오. 🔘 18-05
次の内容を聞いて、順序通りに番号をつけなさい。

(1) ☐ ☐
　① ②

(2) ☐ ☐
　① ②

(3) ☐ ☐
　① ②

(4) ☐ ☐
　① ②

(5) ☐ ☐
　① ②

읽기

문자 메시지

[메시지 1]
오늘 수업 후에 무엇을 합니까?
같이 청계천에 갑시다.
5/23 9:00 am
이윤희
010-1234-5678

[메시지 2]
미안합니다. ㅠ.ㅠ 오늘 오후에 친구와 같이 점심을 먹은 후에 영화를 봅니다.
저녁에는 어떻습니까?
5/23 9:10 am
히로미 010-5678-1234

[메시지 3]
괜찮습니다.^^ 청계천은 저녁이 아름답습니다.
저녁에 갑시다. 그 친구하고 같이 오십시오.
5/23 9:13 am
이윤희
010-1234-5678

[메시지 4]
네~ 같이 가겠습니다.
청계천에서 사진도 찍읍시다!
5/23 9:15 am
히로미 010-5678-1234

1 히로미 씨는 오늘 무엇을 합니까? 순서대로 번호를 쓰십시오.
宏美さんは今日何をしますか。順番に番号を書きなさい。

단어 単語

- 문자 메시지 文字メッセージ（ショートメールのこと）
- 미안하다 申し訳ない
- 괜찮다 大丈夫だ、平気だ
- 아름답다 美しい

활동

스케줄 만들기

아래 그림은 오늘 오후에 할 일입니다. 각자 순서를 정한 후 보기 와 같이 질문해서 상대방의 스케줄을 알아봅시다.

下の絵は、今日の午後にすることです。それぞれの順番を決めた後、보기 のように質問して相手のスケジュールを調べましょう。

보기

_____씨는 청소한 후에 뭘 하시겠습니까?

_____씨는 저녁 식사를 하기 전에 뭘 하시겠습니까?

① ② ③
④ ⑤ ⑥
⑦ ⑧

나의 스케줄 :

상대방의 스케줄 :

154

여러분의 스케줄을 써 봅시다.
皆さんのスケジュールを書いてみましょう。

| 한국 문화 엿보기 | 韓国文化探訪 |

テコンドー

韓国の街で、テコンドーの胴衣を着ている子どもを見かけたことがありますか。テコンドーは韓国の伝統武術で、国民的スポーツとして広く定着しており、街中でもテコンドーの胴衣を着ている子どもや、テコンドーのキャラクターが描かれているバスを見かけることがあります。テコンドーの胴衣を見ると、腰帯の色がさまざまであることがわかります。帯は「白→黄→緑→青→茶→赤→黒」の順に段位の高さを示しています。15歳からは、黒帯である「단（段）」を受けることができます。また「段」にも位があり、最も高い段位は9段です。

제**18**과　그럼 5시 반에 극장 앞에서 만납시다

제19과 하숙집에서 살기 때문에 요리를 하지 않습니다

🔊 19-01

히로미 : 이 김밥을 상우 씨가 만들었습니까? 정말 맛있습니다.

상 우 : 제 취미가 요리입니다. 히로미 씨도 집에서 요리합니까?

히로미 : 아니요, 저는 하숙집에서 살기 때문에 요리를 하지 않습니다. 제 취미는 자전거 타기입니다.

상 우 : 저도 자전거를 잘 탑니다. 같이 타러 갑시다.

● **단어와 표현** 単語と表現

□ 정말 本当に   □ 취미 趣味   □ 요리 料理
□ 잘 よく、上手に

宏美　：このキムパプ、サンウさんが作りましたか。本当においしいです。
サンウ：私の趣味は料理なんです。宏美さんも家で料理をしますか。
宏美　：いいえ、私は下宿に住んでいるので、料理はしません。
　　　　私の趣味は自転車に乗ることです。
サンウ：私も自転車に乗るのが上手なんですよ。一緒に乗りに行きましょう。

문법　文法

1　–지 않다

→ 叙述文や疑問文を否定文にするとき、語幹につけて使う。

보기　요즘 바쁘**지 않습니다**. 最近、忙しくありません。

　　　주말에는 일을 하**지 않습니까**? 週末は、働かないんですか。

　　　오늘 아침을 먹**지 않았습니다**. 今日、朝食を食べませんでした。

2　–기 때문에

→ 語幹につき、理由を表す。叙述文と疑問文に使われる。

보기　오후에 아르바이트를 하**기 때문에** 시간이 없습니다.
　　　午後、アルバイトをするので、時間がありません。

　　　집 근처에 지하철이 없**기 때문에** 버스를 탑니다.
　　　家の近所に地下鉄がないので、バスに乗ります。

　　　감기에 걸렸**기 때문에** 밖에 나가지 않습니다. 風邪をひいたので、外に出かけません。

유형연습

1

보기
가 : 토요일에 학교에 갑니까?
나 : 아니요, 학교에 가지 않습니다.

(1) 사무실에서 담배를 피웁니까?

(2) 일요일에 문을 엽니까?

(3) 숙제를 했습니까?

(4) 주말에 같이 산에 가시겠습니까?

(5) 버스에 사람이 많습니까?

2

보기
한국 음식을 좋아하다 / 날마다 먹습니다.

한국 음식을 좋아하기 때문에 날마다 먹습니다.

(1) 오후에 손님이 오시다 / 바쁩니다.

(2) 집이 가깝다 / 버스를 타지 않습니다.

(3) 오늘 눈이 오다 / 집에서 일찍 출발하겠습니다.

(4) 맵지 않다 / 아이들도 잘 먹습니다.

(5) 어제 일을 많이 했다 / 오늘은 하지 않습니다.

3

보기

금요일에 시험을 보다

가 : 왜 이번 주에 시간이 없습니까?
나 : 금요일에 시험을 보기 때문에 시간이 없습니다.

(1) 지하철이 편리하다

왜 지하철을 탑니까?

(2) 부모님이 서울에 오시다

왜 오늘은 집에 일찍 갑니까?

(3) 백화점이 비싸다

왜 백화점에 가지 않습니까?

(4) 지난번에 봤다

왜 같이 영화를 보러 가지 않습니까?

(5) 어제 술을 많이 마셨다

왜 머리가 아픕니까?

단어 単語 □피우다 吸う □왜 なぜ □이번 주 今週 □편리하다 便利だ □지난번 この前

듣기

聞き取り練習

1 듣고 맞는 것을 모두 고르십시오. 🔘 19-05
次の会話を聞いて、正しいものをすべて選びなさい。

(1)

① ②  ③  ④

(2)

① ②  ③  ④

(3)

① ②  ③  ④

읽기

취미

제 취미는 요리입니다.

저는 대학교 졸업 후부터 요리를 했습니다.

그 전에는 가족과 같이 살았기 때문에

음식을 만들지 않았습니다.

혼자서 회사 근처로 이사한 후에 요리를 시작했습니다.

처음에 김치찌개를 만들었습니다.

맛이 없었기 때문에 제가 만들었지만 먹지 않았습니다.

그래서 요리 책을 샀습니다.

책을 산 후에 주말마다 음식을 만들었습니다.

음식 만들기가 아주 재미있었습니다.

요즘은 중국요리하고 파스타도 만듭니다.

오늘 저녁에는 해물 스파게티를 만들겠습니다.

1 위 글에 맞게 문장을 완성하십시오.
上記の内容を読んで、次の文を正しく完成させなさい。

(1) 상우 씨는 대학교를 졸업하기 전에는 요리를 _____.

(2) 상우 씨는 처음에 _____ 만들었습니다.

  그렇지만 _____ 먹지 않았습니다.

(3) 상우 씨는 _____ 샀습니다. 그리고 주말마다 연습했습니다.

(4) _____ 아주 재미있었습니다.

단어 単語

- 가족 家族
- 이사하다 引っ越す
- 처음에 初めは
- 파스타 パスタ
- 해물 海産物、シーフード
- 스파게티 スパゲッティ

제19과 하숙집에서 살기 때문에 요리를 하지 않습니다

활동

교실活動

취미가 무엇입니까?

보기 와 같이 친구들에게 취미를 묻고 자신의 경우를 이야기해 봅시다.
보기 のようにクラスメートに趣味を尋ねたり、自分のケースを話してみましょう。

보기

제 니 : 취미가 무엇입니까?
앙 리 : 제 취미는 사진 찍기입니다.
제 니 : 요즘도 사진을 찍습니까?
앙 리 : 네, 한국에서도 사진을 찍습니다.
       제니 씨 취미는 뭡니까?
제 니 : 저는 운동도 많이 하고 여행도 많이 합니다.
앙 리 : 한국에서도 여행했습니까?

	_____씨	_____씨	_____씨
취미가 무엇입니까?	그림 그리기입니다.		
언제부터 했습니까?	10년 전부터		
요즘도 자주 합니까?	가끔		

취미 趣味

독서	 영화 감상	 음악 감상	○○ 수집
 사진 찍기	 그림 그리기	 외국어 배우기	 자전거 타기
 여행	 등산	 낚시	 꽃꽂이
 악기 연주	 서예	 다도	 요가
 바둑, 체스	 컴퓨터 게임	 요리	(공예품, 도자기)만들기

제19과 하숙집에서 살기 때문에 요리를 하지 않습니다

제20과 무슨 운동을 좋아합니까?

리 밍: 제니 씨는 무슨 운동을 좋아합니까?

제 니: 테니스를 좋아합니다. 한국에 오기 전에 자주 쳤습니다.

리 밍: 한국에서도 테니스를 치십니까?

제 니: 아니요, 요즘은 바쁘기 때문에 잘 안 칩니다.

● 단어와 표현 単語と表現

□ **좋아하다** 好きだ　　　　□ **바쁘다** 忙しい

リ・ミン　： ジェニーさんはどんな運動が好きですか。
ジェニー　： テニスが好きです。韓国に来る前にやっていました。
リ・ミン　： 韓国でもテニスをしますか。
ジェニー　： いいえ、最近は忙しいのであまりしていません。

문법 文法

1 무슨

→ 後続する名詞の名前や種類、所属などを尋ねるときに使う。

보기　가 : 어제 **무슨** 영화를 보셨어요?　昨日はどんな映画を観ましたか。
　　　나 : '슈퍼맨'을 봤어요.　『スーパーマン』を観ました。

　　　가 : 오늘이 **무슨** 요일입니까?　今日は何曜日ですか。
　　　나 : 월요일이에요.　月曜日です。

　　　가 : **무슨** 일을 하십니까?　どんな仕事をなさっていますか。
　　　나 : 중학교 교사예요.　中学校の教師です。

2 안

→ 動詞、形容詞の前に「안」をつけて、叙述文や疑問文の否定を表す。「名詞 + 하다」動詞の場合、「名詞 + 안 하다」の形で使う。

보기　오늘은 학교에 **안** 갑니다.　今日は学校に行きません。

　　　이 김치는 별로 **안** 맵습니다.　このキムチはあまり辛くありません。

　　　왜 전화를 **안** 했습니까?　なぜ電話をしなかったのですか。

유형 연습

1

보기

요일에 약속이 있다

가 : 무슨 요일에 약속이 있습니까?
나 : 금요일에 약속이 있습니다.

(1) 차를 좋아하다

(2) 옷을 입다

(3) 운동을 잘하다

(4) 음식을 만들다

(5) 책을 샀다

2

보기

삼겹살

가 : 삼겹살을 좋아하십니까?
나 : 네, 좋아합니다.
　　 아니요, 좋아하지 않습니다. / 싫어합니다.

(1) 컴퓨터 게임 
(2) 겨울 
(3) 축구 
(4) 술 
(5) 음악

3

보기

가: 커피를 마십니까?
나: 아니요, 안 마십니다.

(1) 담배를 피웁니까?
(2) 한국 신문을 읽으십니까?
(3) 한국에서 운전을 하십니까?
(4) 아침 식사를 합니까?
(5) 요즘 피곤합니까?

단어 単語　□차 お茶　□양복 スーツ　□잡채 チャプチェ（雑菜、食べ物の名前）
□삼겹살 サムギョプサル（豚のバラ肉、食べ物の名前）　□싫어하다 嫌いだ　□겨울 冬　□축구 サッカー
□음악 音楽　□운전 運転　□피곤하다 疲れる

제**20**과 무슨 운동을 좋아합니까? 167

듣기

聞き取り練習

1 듣고 여자와 남자가 좋아하는 것을 모두 고르십시오. 🔘 20-05
次の会話を聞いて、女性と男性が好きなものをすべて選びなさい。

(1)    (2)

① 소고기 
② 생선 
③ 닭고기 
④ 돼지고기

2 듣고 맞으면 ○, 틀리면 X 하십시오. 🔘 20-06
次の会話を聞いて、正しければ ○ を、間違っていれば × をつけなさい。

(1) 남자는 술을 마시지 않습니다.
(2) 여자는 맥주를 가끔 마십니다.
(3) 여자는 술을 싫어합니다.

3 듣고 맞는 것을 고르십시오. 🔘 20-07
次の会話を聞いて、正しいものを選びなさい。

(1) 남자는 (닭고기를 / 삼계탕을) 먹지 않습니다.
(2) 남자는 (인삼을 / 닭고기를 / 갈비탕을) 싫어합니다.

읽기

読解練習

야구를 좋아합니다

저는 야구를 좋아합니다.
중학교하고 고등학교에서 야구를 했습니다.
학교 수업이 끝난 후에 운동장에서 매일 연습을 했습니다.
고등학교를 졸업한 후에는 야구를 안 했지만
야구장에 자주 갔습니다.
저는 시카고에 살았기 때문에 시카고 팀을 응원했습니다.
한국에 온 후에도 주말에는 집에서 야구를 봅니다.
텔레비전에서 일본 야구도 하고, 미국 야구도 합니다.
한국 야구도 재미있습니다.
이번 주말에는 한국 야구를 보러 잠실야구장에 가겠습니다.

1 위 글을 읽고 맞으면 ○, 틀리면 X 하십시오.
上記の内容と合っていれば○、異なっていれば×をつけなさい。

(1) 고등학교 졸업 후에도 야구를 했습니다.
(2) 요즘 주말마다 야구를 보러 야구장에 갑니다.
(3) 한국 텔레비전에서 일본 야구를 합니다.
(4) 이 사람은 시카고 야구 팀 선수였습니다.

단어 単語

- 야구 野球
- 운동장 運動場
- 야구장 野球場
- 시카고 シカゴ
- 팀 チーム
- 응원하다 応援する

제20과 무슨 운동을 좋아합니까?

활동

무슨 과일을 좋아합니까?

무엇을 좋아합니까? 싫어합니까? 그리고 특별한 이유가 있으면 말해봅시다. 보기 와 같이 대화한 후에 발표합시다.

何が好きで、何が嫌いですか。特別な理由があれば話してみましょう。 보기 のように会話をした後、発表しましょう。

보기
학생 1 : 무슨 과일을 좋아합니까?
학생 2 : 저는 포도를 좋아합니다.
　　　　과일은 다 좋아합니다.
학생 1 : 무슨 계절을 싫어합니까?
학생 2 : 저는 여름을 싫어합니다.
　　　　겨울을 좋아합니다.

무슨 과일을 좋아합니까?
포도　수박　딸기　참외　복숭아

무슨 음식을 좋아합니까?
삼겹살　피자　초밥　우동　스파게티　만두

누구를 좋아합니까?
배용준　이영애　비

무슨 계절을 좋아합니까?
봄　여름　가을　겨울

무슨 운동을 좋아합니까?
농구　배구　축구　야구　탁구　수영

	____씨	____씨	____씨	____씨
좋아합니다				
좋아하지 않습니다 / 싫어합니다				

운동 運動

| 하다 | 축구 | 농구 | 야구 | 배구 | 수영 | 조깅 |

| 치다 | 골프 | 테니스 | 배드민턴 | 탁구 |

| 타다 | 스키 | 스케이트 | 스노보드 | 자전거 |

한국 문화 엿보기 韓国文化探訪

韓国映画

映画はお好きですか。一番おもしろかった韓国映画はどんな映画ですか。韓国で最も人気を集めた映画のランキングは次のとおりです。

韓国映画歴代興行成績ランキング・ベスト5　　　　　（　）内の観客数はおおよその数字です。

1. グエムル -漢江の怪物- (1300万人)
2. 王の男 (1200万人)
3. ブラザーフッド (1170万人)
4. ヘウンデ (海雲台) (1130万人)
5. シルミド (実尾島) (1100万人)

映画振興委員　2009年12月

皆さんはこの中で何作の映画をご覧になりましたか。もし週末に時間があれば、韓国映画を観に行くのはいかがでしょうか。

제21과 여행은 재미있었어요?

상 우: 휴가에 친구들하고 일본에 다녀왔어요. 이거 드세요. 일본 과자예요.

제 니: 아, 고맙습니다. 저도 제주도 여행에서 그저께 돌아왔어요.

상 우: 여행이 재미있었어요?

제 니: 네, 경치도 아름답고 음식도 맛있고 정말 좋았어요. 일본 여행은 어땠어요?

● **단어와 표현** 単語と表現

□ **다녀오다** 行ってくる   □ **제주도** チェジュド（済州島）   □ **그저께** おととい
□ **돌아오다** 帰ってくる   □ **경치** 景色

サンウ ： 休みのとき、友だちと一緒に日本に行ってきました。これどうぞ。
          日本のお菓子です。
ジェニー： あ、ありがとうございます。わたしもチェジュド（済州島）旅行からおとといい
          帰ってきました。
サンウ ： 旅行は楽しかったですか。
ジェニー： はい、景色もきれいだし、食べ物もおいしいし、本当によかったです。
          日本の旅行はどうでしたか。

문법

文法

1 -하고

→ 助詞「-하고」（15課文法1）は「～と一緒に」の意でも使う。「-와/과」も同じ意味と機能を持つ。また「같이」、「함께」とともによく使われる。

보기 우리 반 사람들하고 이야기를 많이 했습니다. クラスメートたちと話をたくさんしました。

누구하고 같이 삽니까? 誰と一緒に住んでいますか。

고기는 야채와 함께 드세요. 肉は野菜と一緒に召し上がってください。

2 -아/어요

→ 非格式体として日常会話で主に使われる。「-아요、-어요」と形が変わる。尊敬形は「-(으)세요」である。「-이다」はその前に来る名詞にパッチムがあれば「-이에요」、パッチムがなければ「-예요」になる。「아니다」は「아니에요」を用いる。

格式体	非格式体
-(스)ㅂ니다 -(스)ㅂ니까? -(으)십시오 -(으)ㅂ시다	-아/어요

-아요	語幹末の母音がㅏ、ㅗである場合 가다, 만나다, 받다, 오다, 보다	가다 → 가+아요 → 가요 오다 → 오+아요 → 와요 받다 → 받+아요 → 받아요
-어요	語幹末の母音がㅏ、ㅗではない場合 먹다, 배우다, 읽다, 쉬다, 지내다	먹다 → 먹+어요 → 먹어요 배우다 → 배우+어요 → 배워요 마시다 → 마시+어요 → 마셔요
-여요	「-하다」動詞の場合 일하다, 공부하다	일하다 → 일하+여요 → 일해요

보기　가 : 주말에는 보통 뭘 하세요?
　　　　週末、たいてい何をなさいますか。

　　　나 : 토요일에는 친구들을 만나요. 일요일에는 집에서 쉬어요.
　　　　土曜日は友だちに会います。日曜日は家で休みます。

　　　가 : 이 책이 야마다 씨 책이에요?
　　　　この本は山田さんの本ですか。

　　　나 : 아니요, 제 책이 아니에요. 이리나 씨 거예요.
　　　　いいえ、私の本じゃありません。イリナさんのです。

　　　가 : 어제는 뭘 하셨어요?
　　　　昨日、何をなさいましたか。

　　　나 : 대학로에 놀러 갔어요. 연극도 보고 저녁도 먹었어요.
　　　　テハンノ（大学路）に遊びに行きました。演劇も観て、夕食も食べました。

유형 연습

1

보기

히로미 씨

가 : 누구하고 같이 공연을 보러 갔습니까?
나 : 히로미 씨하고 같이 보러 갔습니다.

(1) 과장님

어제 누구하고 저녁을 먹었습니까?

(2) 다니엘 씨

누구하고 테니스를 쳤습니까?

(3) 가족

누구하고 같이 여행을 가려고 합니까?

(4) 여자 친구

누구하고 같이 쇼핑을 합니까?

(5) 아이들

누구하고 공원에서 놀았습니까?

2

보기

가 : 한국 텔레비전을 보세요?
나 : 네, 봐요. / 아니요, 보지 않아요.

(1) 지금 밖에 비가 와요?

(2) 생선 요리를 좋아하세요?

(3) 백화점에서 물건을 많이 샀어요?

제21과 여행은 재미있었어요? 175

(4) 아침에 신문을 읽으셨어요?

(5) 집에 부모님이 계세요?

3

보기

가 : 취미가 뭐예요?
나 : 음악 감상이에요.

(1) 이 사전이 얼마예요?

(2) 생일이 몇 월 며칠이에요?

(3) 이 카메라가 누구 카메라예요?

(4) 시험이 목요일이에요?

(5) 저분이 사장님이에요?

단어 単語　□ 비가 오다 雨が降る　□ 감상 鑑賞　□ 목요일 木曜日

듣기

聞き取り練習

1 대화를 듣고 대답하십시오. 🔘 21-05
次の会話を聞いて、問いに答えなさい。

(1) 남자는 어느 산에 갔습니까?

① 북한산　　　　　　　　② 한라산

(2) 남자의 취미와 여자의 취미는 무엇입니까?

① ② ③ ④

(3) 내용과 같으면 O, 다르면 X 하십시오.

① 마이클 씨는 이번 달에 제주도에 갔습니다.

② 이 여자는 자주 산에 갑니다.

③ 두 사람이 산에서 사진도 찍고 김밥도 먹었습니다.

제21과 여행은 재미있었어요?

읽기

読解練習

제 고향은

제 이름은 앙리입니다. 저는 프랑스에서 왔습니다.
제 고향은 니스입니다. 니스는 프랑스 남쪽에 있습니다.
여러분, 니스를 아십니까?
날씨가 좋고 바다가 있기 때문에 여러 나라 사람들이 여행을 많이 옵니다.
또 니스에서는 해마다 2월에 축제를 합니다.
그 축제가 유명합니다. 니스에는 박물관도 많습니다.
저는 이번 휴가에 니스에 갑니다.
여러분도 니스에 오십시오.

1   　　　 부분을 「-아/어요」로 바꾸어서 읽으십시오.
　　　 部分を「-아/어요」の形にかえて、もう一度読んでみましょう。

2   위 글을 읽고 <u>다른</u> 것을 고치십시오.
　　 上記の内容と<u>異</u>なる部分を直しなさい。

(1) 앙리 씨는 <u>독일에서 왔어요.</u> → 프랑스에서 왔어요.

(2) 니스는 프랑스 북쪽에 있어요. →

(3) 니스에는 바다가 없어요. →

(4) 앙리 씨는 이번 휴가에는 고향에 가지 않아요. →

3   여러분 고향은 어디입니까? 소개해 봅시다.
　　 皆さんの故郷はどこですか。紹介してみましょう。

단어 単語

- 고향 故郷
- 바다 海
- 축제 お祭り
- 남쪽 南側
- 여러 多くの
- 유명하다 有名だ
- 여러분 皆さん
- 해마다 毎年
- 박물관 博物館

활동

教室活動

어디에 여행을 갔어요?

친구들에게 여행에 대해서 인터뷰하고 발표해 봅시다.
クラスメートに旅行についてインタビューをして発表してみましょう。

질문 \ 반 친구	_____씨	_____씨	_____씨
어디에 갔어요?			
언제 갔어요?			
누구하고 갔어요?			
어디에서 잤어요?			
거긴 뭐가 유명해요?			
뭘 먹었어요?			
날씨가 어땠어요?			
뭘 샀어요?			

제21과 여행은 재미있었어요?

제22과 우리 내일 뭐 할까요?

(부산에서)

민 지 : 우리 내일 뭐 할까요?

야마다 : 오전에는 바다에서 수영하고 오후에는 여기저기 구경하러 갑시다.

민 지 : 부산은 자갈치시장이 유명해요. 거기에도 갑시다.

야마다 : 그럼 내일 저녁은 자갈치시장에서 생선회를 먹을까요?

● **단어와 표현** 単語と表現

- **여기저기** あちこち
- **자갈치시장** チャガルチ市場
- **생선회** 刺身

*チャガルチ：この地域の名前は、小さな石を意味する「자갈」と、海辺の町を意味する純粋な韓国語の「치」が結合したものである。

プサン（釜山）で

ミンジ ： 私たち、明日何をしましょうか。
山田 ： 午前に海に行って泳いで、午後はあちこち見物に行きましょう。
ミンジ ： プサン（釜山）はチャガルチ市場が有名です。そこにも行きましょう。
山田 ： じゃ、明日の夜はチャガルチ市場で魚の刺身を食べましょうか。

문법

文法

1 -(으)ㄹ까요?

→ 他者に、ある動作を一緒にすることを勧誘するときに使う。動詞の語幹にパッチムがない場合、「-ㄹ까요?」を、パッチムがある場合「-을까요?」を使う。主語は「우리（私たち）」であるが省略して使う。返答をする場合、「-(으)ㅂ시다」と答える。否定形は「-지 말까요?」である。

보기　저녁에 같이 식사할**까요**?　夕食を一緒に食べましょうか。

　　　여기에서 사진을 찍**을까요**?　ここで写真を撮りましょうか。

　　　등산을 가지 **말까요**?　登山に行くのをやめましょうか。

2 -고

→ 動詞の語幹について、前の動作の後に後続の動作が起こることを表す。

보기　밥을 먹고 차를 마십니다.　ご飯を食べて、お茶を飲みます。

　　　어제 저녁에 숙제를 하고 텔레비전을 봤어요.
　　　昨日の夜、宿題をして、テレビを見ました。

　　　오전에는 박물관을 구경하고 오후에는 쇼핑하러 갈까요?
　　　午前は博物館を見て、午後は買い物に行きましょうか。

유형연습

類型練習

1

보기

택시를 타다

가 : 택시를 탈까요?
나 : 네, 택시를 탑시다.
　　 아니요, 택시를 타지 맙시다.

(1) 주말에 같이 놀러가다

(2) 방을 청소하다

(3) 지금 저녁을 먹다

(4) 좀 쉬다

(5) 샌드위치를 만들다

2

보기

뭘 시키다 / 불고기

가 : 뭘 시킬까요?
나 : 불고기를 시킵시다.

(1) 몇 시에 만나다 / 1시 반
(2) 언제 여행을 가다 / 여름 휴가
(3) 무슨 영화를 보다 / 해운대
(4) 어디에서 저녁을 먹다 / 중국집
(5) 어디에서 사진을 찍다 / 저쪽

3

보기

영화를 보다 / 식사하러 갔어요.

영화를 보고 식사하러 갔어요.

(1) 샤워를 하다 / 11시에 잤습니다.
(2) 돈을 내다 / 영수증을 받았어요?
(3) 약을 드시다 / 주무세요.
(4) 테니스를 치다 / 맥주를 마시러 갑시다.
(5) 집에서 밥을 먹다 / 나왔어요.

단어 単語 □샌드위치 サンドイッチ □중국집 中華料理店 □저쪽 あちら □내다 出す □나오다 出る

듣기

1 듣고 오늘 한 일의 순서대로 번호를 쓰십시오. 🎧 22-05
次の内容を聞いて、今日したことを順番に番号を書きなさい。

☐ → ☐ → ☐ → ☐ → ☐

① ② ③
④ ⑤

2 듣고 이어지는 대답으로 맞는 것을 고르십시오. 🎧 22-06
次の内容を聞いて、続く答えとして正しいものを選びなさい。

(1) ☐
① 네, 하지 맙시다.   ② 아니요, 하지 않아요.   ③ 네, 저도 좋아요.

(2) ☐
① 300번 버스를 탑시다.   ② 그럼 버스를 타지 맙시다.   ③ 버스를 안 타요.

(3) ☐
① 롯데월드가 어때요?   ② 9시에 출발합시다.   ③ 지하철역에서 만납시다.

읽기

読解練習

언제 만날까요?

히로미 씨는 1주일에 한 번 한국 친구 민지하고 같이 공부합니다.

히로미 : 다음 주에는 언제 만날까요?
민　지 : 화요일 오전에 시간 있어요?
히로미 : 오전에는 수업이 있어요. 수업 끝나고 오후에 만납시다.
민　지 : 미안해요. 저는 화요일 오후에 아르바이트가 있어요.
　　　　수요일은 어때요?
히로미 : 수요일은 약속이 있어요. 친구와 쇼핑하러 가요.
민　지 : 그럼 목요일 오후에 만날까요?
히로미 : 네, 목요일 2시에 만나요. 공부하고 영화 보러 갈까요?
민　지 : 좋아요. 영화 보고 저녁도 같이 먹읍시다. 어디에서 만날까요?
히로미 : 민지 씨 학교 앞에서 만납시다.

1 위 글을 읽고 맞는 것을 연결하십시오.
　　上の話を読んで、正しいものをつなぎなさい。

(1) 화요일 오전　　(2) 화요일 오후　　(3) 수요일　　(4) 목요일

① ② ③ ④

단어 単語

□ 화요일 火曜日　　□ 미안하다 すまない　　□ 수요일 水曜日

제**22**과 우리 내일 뭐 할까요?

여행을 갑시다!

여행 팸플릿을 보고 친구와 함께 여행 스케줄을 만든 후 발표해 봅시다.
旅行のパンフレットを見て、友だちと一緒に旅行のスケジュールを立ててから、発表してみましょう。

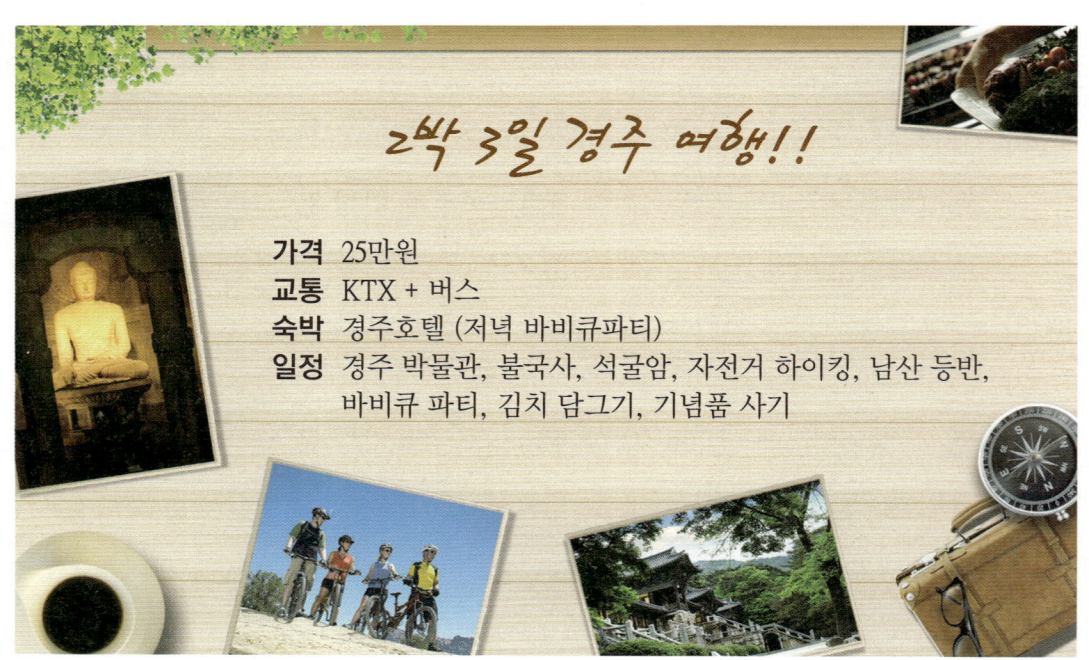

2박 3일 경주 여행!!

가격 25만원
교통 KTX + 버스
숙박 경주호텔 (저녁 바비큐파티)
일정 경주 박물관, 불국사, 석굴암, 자전거 하이킹, 남산 등반, 바비큐 파티, 김치 담그기, 기념품 사기

첫째 날	둘째 날	셋째 날
07:00 서울 출발		

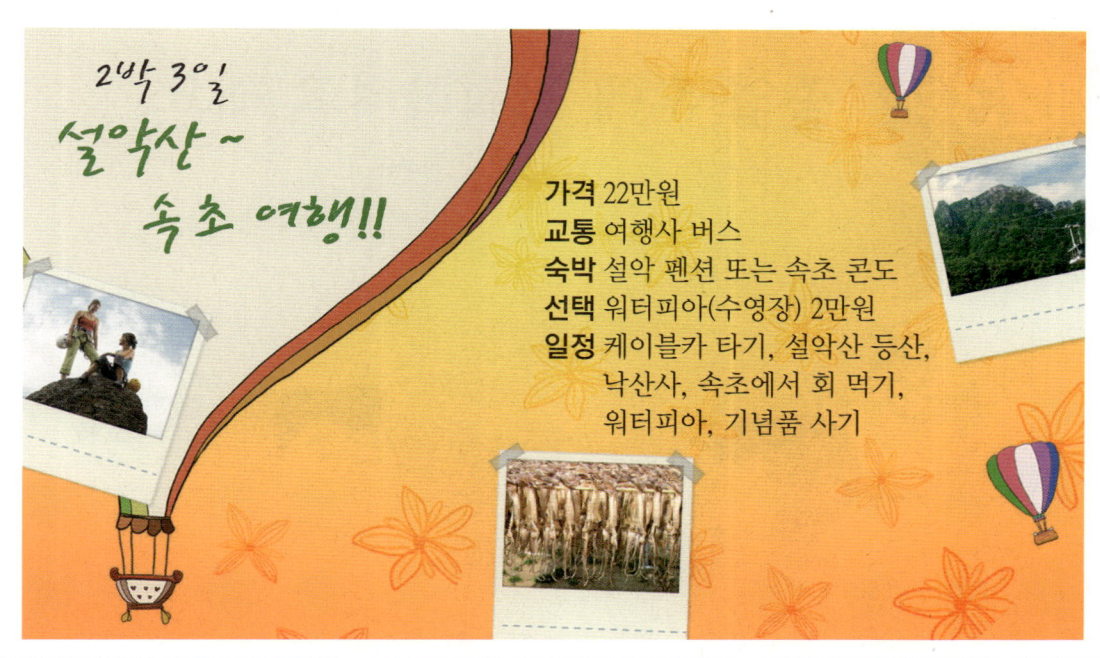

2박 3일
설악산~
속초 여행!!

가격 22만원
교통 여행사 버스
숙박 설악 펜션 또는 속초 콘도
선택 워터피아(수영장) 2만원
일정 케이블카 타기, 설악산 등산,
낙산사, 속초에서 회 먹기,
워터피아, 기념품 사기

첫째 날	둘째 날	셋째 날
07:00 서울 출발		

한국 문화 엿보기 — 韓国文化探訪

旅行先の紹介

韓国ではどちらを旅行されましたか。경주（キョンジュ、慶州）、안동（アンドン、安東）、부산（プサン、釜山）、제주도（チェジュド、済州島）などの観光名所をすでに訪れたことのある方には、次に紹介する観光スポットをお勧めします。

정동진（チョンドンジン、正東津）：ドラマのロケ地としても有名なチョンドンジンは、海からの日の出を見ることができ、恋人たちのデートコースとしても人気があります。チョンドンジン駅のホームからは、青い海を眺めることができます。ソウルの청량리역（チョンニャンニ駅、清涼里駅）より「해돋이 열차（日の出列車）」が運行されています。

강릉・삼척（カンヌン、江陵、サムチョク、三陟）：カンヌンからサムチョクまでは、韓国で最も美しいといわれる海岸が広がっています。この区間（約1時間20分）は、車窓から海を見ることのできる「바다열차（海列車）」が走っており、海岸の風景を楽しめます。

대천（テチョン、大川）：韓国を代表する海水浴場で、韓国の西海岸に位置しています。荒々しい波が打ち寄せる東海岸に比べて、穏やかな海が楽しめます。대천역（テチョン駅、大川駅）からバスで7分ほどで行けるので、車がなくても便利です。

제23과 졸업 후에 취직하려고 해요

리 밍: 히로미 씨는 한국말을 공부한 후에 뭘 하려고 해요?

히로미: 일본에서 한국말도 가르치고 번역도 하고 싶어요. 리밍 씨는요?

리 밍: 졸업 후에 취직하려고 해요. 중국에 한국 회사가 많이 있어요.

히로미: 어느 회사에서 일하고 싶어요?

● **단어와 표현** 単語と表現

□ **번역** 翻訳   □ **졸업** 卒業

リ・ミン ： 宏美さんは韓国語の勉強をした後に何がしたいですか。
宏美　　： 日本で韓国語も教えたいですし、翻訳もやりたいです。リ・ミンさんは。
リ・ミン ： 卒業後に就職しようと思います。中国に韓国系の企業がたくさんあります。
宏美　　： どの会社で働きたいですか。

문법

文法

1 -(으)려고 하다

➤ 動詞の語幹について主語の意志や予定を表す。動詞の語幹にパッチムがなかったり「ㄹ」パッチムがあれば「-려고」、その他のパッチムがあれば「-으려고」を使う。

보기　다음 달부터 아르바이트를 시작**하려고 합니다.** 来月からアルバイトをしようと思います。

　　　제 자동차를 **팔려고 합니다.** 私の車を売ろうと思います。

　　　오늘 저녁에는 밖에서 **먹으려고 합니다.** 今日の夕食は外で食べようと思います。

2 -고 싶다

➤ 動詞の語幹について、希望や願望を表す。第三人称が主語である場合は「싶어하다」を使う。

보기　여행을 가고 **싶습니다.** 旅行に行きたいです。

　　　지금 누가 제일 보고 **싶어요?** 今、誰に一番会いたいですか。

　　　제 친구는 한국에 오고 **싶어합니다.** 私の友だちは韓国に来たがってます。

제**23**과 졸업 후에 취직하려고 해요

유형 연습

1

보기
가 : 주말에 뭘 하려고 해요?
나 : 친구와 같이 등산 가려고 해요.

(1) 휴가에 어디에 가려고 해요?

(2) 뭘 타려고 해요?

(3) 오후에 뭘 하려고 해요?

(4) 몇 시까지 공부하려고 해요?

(5) 점심에 무엇을 만들려고 해요?

2

보기
가 : 이 영화를 보고 싶어요?
나 : 네, 보고 싶어요.
　　 아니요, 보고 싶지 않아요.

(1) 커피를 마시고 싶어요?
(2) 오토바이를 타고 싶어요?
(3) 여기에서 사진을 찍고 싶어요?
(4) 자동차를 사고 싶으세요?
(5) 시골에서 살고 싶으세요?

3

보기 
옷
가 : 생일에 무슨 선물을 받고 싶어요?
나 : 옷을 받고 싶어요.

(1) 자장면
점심에 뭘 먹고 싶어요?

(2) 파티
크리스마스에 무엇을 하고 싶어요?

(3) 제주도
한국에서 어디에 여행가고 싶어요?

(4) 골프
무슨 운동을 배우고 싶어요?

(5) 10년 후
언제 결혼하고 싶어요?

단어 単語 □등산 登山 □오토바이 オートバイ □시골 いなか、地方 □크리스마스 クリスマス

듣기

聞き取り練習

1 듣고 맞는 번호를 쓰십시오. 🎧 23-05
次の内容を聞いて、正しいものの番号を書きなさい。

(1) 이 사람은 무엇이 먹고 싶었습니까?　☐
(2) 이 사람은 어제 무엇을 만들었습니까?　☐
(3) 이 사람은 오늘 저녁에 무엇을 만들려고 합니까?　☐

① 된장찌개　　② 불고기 　　③ 김치찌개

2 듣고 맞으면 ○, 틀리면 X 하십시오. 🎧 23-06
次の内容を聞いて、合っていれば ○、間違っていれば × をつけなさい。

(1) 두 사람은 어제 서점에 같이 갔습니다.　☐
(2) 제니 씨는 사전을 사려고 합니다.　☐

3 듣고 맞는 것을 고르십시오. 🎧 23-07
次の内容を聞いて、正しいものを選びなさい。

(1) 남자는 휴가에 (쉬려고 합니다. / 여행 가려고 합니다.)
(2) 남자는 (금요일부터 / 지난달부터) 휴가입니다.

4 듣고 대답을 쓰십시오. 🎧 23-08
次の内容を聞いて、答えを書きなさい。

(1) 여자는 어디에서 운동하려고 합니까?
(2) 상우 씨는 언제부터 운동을 하려고 합니까?

읽기

読解練習

제 꿈은

제　니 : 히로미 씨는 꿈이 뭐였어요?

히로미 : 제 꿈은 학교 선생님이었어요.
　　　　영어를 가르치고 싶었어요. 제니 씨는요?

제　니 : 저는 고등학교에서 테니스를 쳤어요.
　　　　프로테니스선수가 꿈이었어요.

히로미 : 그래요? 저도 테니스를 좋아해요.
　　　　요즘도 테니스를 쳐요?

제　니 : 네, 가끔 쳐요. 이번 주말에 같이 치시겠어요?

히로미 : 네, 그래요. 같이 치러 갑시다.

1 위 글을 읽고 맞으면 ○, 틀리면 X 하십시오.
上記の内容と合っていれば○、異なっていれば×をつけなさい。

(1) 제니 씨는 요즘은 테니스를 치지 않습니다.
(2) 히로미 씨는 영어를 가르치고 싶었습니다.
(3) 히로미 씨는 테니스를 좋아하지 않습니다.
(4) 두 사람이 이번 주말에 같이 테니스를 치려고 합니다.

단어 単語

□ 꿈 夢　　　□ 프로 プロ　　　□ 선수 選手
□ 가끔 時々

제23과 졸업 후에 취직하려고 해요

활동

언제까지 한국말을 공부하려고 해요?

보기 와 같이 반 친구들에게 아래의 내용을 묻고 대답해 보십시오.
보기 にあるようにクラスメートに下の内容について聞いたり答えたりしましょう。

> **보기**
>
> 야마다 : 히로미 씨는 언제까지 한국말을 공부하려고 해요?
> 일본에는 언제 가세요?
> 히로미 : 금년 11월까지 공부하고 12월에 일본에 돌아가려고 해요.
> 아직 잘 모르겠지만 일본에서 한국말을 가르치고 싶어요.
> 야마다 : 저는 내년 5월까지 한국말을 공부하려고 해요.
> 그 후에는 한국에서 여행을 하고 싶어요.

질문 \ 반 친구	_____씨	_____씨
언제까지 한국말을 공부하려고 해요?		
한국말을 배운 후에 뭘 하려고 해요?		
언제 ____씨 나라에 돌아가려고 하세요?		
한국말을 아주 잘합니다. 무슨 일을 하고 싶어요?		
10년/20년 전에는 무슨 일을 하고 싶었어요?		
(언제) 결혼하고 싶으세요?		
1,000만 원이 있습니다. 뭘 하고 싶으세요?		
어디에서 살고 싶으세요?		

제24과 지금 가고 있어요

이리나 : 여보세요, 상우 씨 휴대폰 아닙니까?
남 자 : 아니요, 잘못 거셨습니다.
이리나 : 죄송합니다.

상 우 : 여보세요, 이리나 씨, 지금 어디세요?
이리나 : 아, 상우 씨, 제가 조금 늦게 출발했어요. 그래서 지금 가고 있어요.
상 우 : 저도 방금 도착했어요. 천천히 오세요.

● **단어와 표현** 単語と表現

□ **여보세요** もしもし　　□ **잘못 걸다** 間違って（電話　　□ **죄송하다** 申し訳ない、すまない
□ **조금** 少し　　　　　　　　　　　　　を）かける　　　　　□ **방금** さっき
□ **천천히** ゆっくり　　□ 늦게 遅れて

イリナ　：もしもし、サンウさんの携帯じゃありませんか。
男性　　：いいえ、おかけ間違いです。
イリナ　：すみません。

サンウ　：もしもし、イリナさん。今、どこですか。
イリナ　：あ、サンウさん。私、ちょっと遅れて出発しました。それで今、向かっている
　　　　　ところです。
サンウ　：私も今、着いたばかりです。ゆっくりいらっしゃってください。

문법　　　　　　　　　　　　　　　　　　　　　　　　　　　　文法

1　–고 있다

→ 動詞の語幹について、動作が進行していることを表す。

보기　요즘 도서관에서 아르바이트를 **하고 있습니다**. 最近、図書館でアルバイトをしています。

스티브 씨는 지금 신문을 읽고 **있지 않습니다**. スティーブさんは今、新聞を読んでいません。

아이가 무엇을 **하고 있습니까**? 子どもが何をしていますか。

2　그래서

→ 前文の内容が後続の文の原因や理由になるときに使う。

보기　어제 술을 마셨어요. **그래서** 머리가 아파요. 昨日、お酒を飲みました。それで頭が痛いです。

돈을 많이 벌었어요. **그래서** 집을 샀어요. お金をたくさん稼ぎました。それで家を買いました。

공부를 열심히 했어요. **그래서** 시험을 잘 봤어요.
勉強を一生懸命がんばりました。それで試験でいい点数を取りました。

유형 연습

1

보기
가: 텔레비전을 보고 있습니까?
나: 네, 보고 있습니다.
　　아니요, 보고 있지 않습니다.

(1) 피아노를 치고 있습니까?

(2) 목욕하고 있습니까?

(3) 라면을 먹고 있습니까?

(4) 노래를 부르고 있습니까?

(5) 가족과 같이 살고 있습니까?

2

보기
무엇을 하다 / 한국말을 공부하다

가: 학생들이 무엇을 하고 있습니까?
나: 한국말을 공부하고 있습니다.

(1) 무엇을 먹다 / 햄버거

(2) 어디에서 아르바이트를 하다 / 레스토랑

(3) 누구를 기다리다 / 여자 친구   (4) 무엇을 듣다 / 음악

(5) 무엇을 하다 / 집에서 쉬다

3

보기

가 : 여보세요, 이 선생님 휴대폰 아닙니까?
나 : 네, 맞습니다.
　　 / 아니요, 잘못 거셨습니다.

(1) 여보세요, 김민지 씨 휴대폰입니까?

(2) 여보세요, 정 과장님이세요?

(3) 여보세요, 이상우 씨 휴대폰 아니에요?

김민지　　히로미　　이상우

(4) 여보세요, 서울여행사예요?

(5) 여보세요, 현대스포츠센터 아니에요?

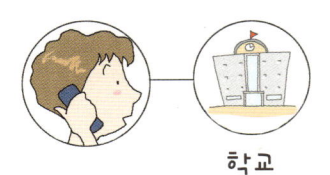

학교　　현대스포츠센터

단어 単語
- 피아노 ピアノ　　 목욕하다 風呂に入る　　 부르다 歌う、呼ぶ　　 햄버거 ハンバーガー
- 레스토랑 レストラン　　 듣다 聞く　　 맞다 合っている　　 과장님 課長
- 스포츠센터 スポーツセンター、スポーツジム

제**24**과 지금 가고 있어요　199

듣기

1 듣고 맞는 것을 고르십시오. 🔊 24-05
次の内容を聞いて、正しいものを選びなさい。

(1)
① ②  ③

(2)
① ②  ③

(3)
① ②  ③

(4)
① ②  ③

읽기

読解練習

여보세요

나　　미 : 여보세요, 거기 가나다 한국어학원입니까?

김 선생님 : 네, 그런데요.

나　　미 : 저는 나미라고 합니다. 이 선생님 계세요?

김 선생님 : 잠깐만 기다리세요.

이 선생님 : 여보세요, 전화 바꿨습니다.

나　　미 : 선생님 안녕하세요? 저 나미예요.

후웨이 : 여보세요, 미정 씨 휴대폰 아닙니까?

토　니 : 아닌데요. 몇 번에 거셨어요?

후웨이 : 010-3152-0899번 아니에요?

토　니 : 잘못 거셨습니다.

후웨이 : 죄송합니다.

1 　　부분을 바꾸어서 옆 사람과 전화 대화를 해 보십시오.
　　の部分を変えて、となりの人と電話の会話をしてみましょう。

단어 単語

- 그런데요　そうですが
- 전화 바꿨습니다　電話をかわりました
- 아닌데요　違いますが

제**24**과 지금 가고 있어요　201

활동

이 사람이 사진을 찍고 있어요?

두 사람이 짝이 되어 한 사람은 그림에서 한 명을 선택합니다. 나머지 한 사람은 보기 와 같이 질문을 해서 알아맞혀 봅시다.

ペアになって、1人がイラストから1つを選びます。もう1人が 보기 のように質問し、答えを当ててみましょう。

보기

학생 1 : 사진을 찍고 있어요?
학생 2 : 아니요, 사진을 찍고 있지 않아요.
학생 1 : 그림을 그리고 있어요?
학생 2 : 아니요, 그림을 그리고 있지 않아요.
학생 1 : 맥주를 마시고 있어요?
학생 2 : 네, 맥주를 마시고 있어요.
학생 1 : 왕보용 씨입니다.

제**24**과 지금 가고 있어요

제25과 히로미 씨도 올 수 있어요?

25-01

앙 리 : 이번 토요일에 우리 집에 친구들을 초대하려고 해요. 히로미 씨도 올 수 있어요?

히로미 : 네, 갈 수 있어요. 그런데 앙리 씨 생일이에요?

앙 리 : 아니요, 제가 지난주에 이사했어요. 그래서 같이 저녁을 먹으려고 해요.

히로미 : 아, 그래요? 몇 시까지 갈까요?

앙 리 : 7시까지 오세요. 여기 우리 집 주소하고 약도예요.

● **단어와 표현** 単語と表現

□ **초대하다** 招待する □ **주소** 住所 □ **약도** 略図

アンリ ： 今度の土曜日に私の家に友だちを招待しようと思います。
宏美さんも来られますか。
宏美 ： はい、行けます。ところでアンリさんのお誕生日ですか。
アンリ ： いいえ、私が先週、引っ越したんです。それで一緒に夕食を食べようと思いまして。
宏美 ： あ、そうですか。何時までに行きましょうか。
アンリ ： 7時までに来てください。これ、うちの住所と略図です。

문법 文法

1 -(으)ㄹ 수 있다/없다

→ 動詞の語幹について、能力や可能性の有無を表す。語幹末にパッチムがなければ「-ㄹ 수 있다」を、パッチムがあれば「-을 수 있다」を使う。

보기 **운전을 할 수 있습니다.** 運転ができます。

여기에서 사진을 찍을 수 있습니다. ここで写真を撮ることができます。

열쇠가 없기 때문에 문을 열 수 없습니다. 鍵がないため、開けることができません。

2 -(으)ㄹ까요?

→ 自分の行動について聞き手の意見を尋ねるときに使う。問いに対する答えは「-(으)세요」、「-지 마세요」を使う。

보기 **거기에 몇 시까지 갈까요?** そこに何時までに行きましょうか。

제가 언제 전화할까요? 私がいつ電話しましょうか。

가 : **창문을 열까요?** 窓を開けましょうか。
나 : **네, 여세요. / 아니요, 열지 마세요.** はい、開けてください。／いいえ、開けないでください。

제**25**과 히로미 씨도 올 수 있어요? 205

3 그런데

→ 前文が後続の文と対立する関係であったり、話題を転換するときに使う。

보기　그 식당은 음식 값이 비싸요. **그런데** 손님이 많아요.
　　　そのレストランは料理の値段が高いです。けれどお客が多いです。

　　　오후에 보통 시간이 있어요. **그런데** 내일 오후는 시간이 없어요.
　　　午後はたいてい時間があります。しかし明日の午後は時間がありません。

　　　날씨가 참 따뜻해요. **그런데** 저 사람은 누구예요?
　　　本当に暖かいですね。ところであの人は誰ですか。

유형연습　類型練習

1

보기 
가 : 수영을 할 수 있습니까?
나 : 네, 할 수 있습니다.
　　아니요, 할 수 없습니다.

(1) 탁구를 칠 수 있습니까?

(2) 김치찌개를 만들 수 있습니까?

(3) 생선회를 먹을 수 있습니까?

(4) 그 일을 혼자 할 수 있습니까?

(5) 주말에 등산을 갈 수 있습니까?

2

보기

창문을 닫다

가 : 창문을 닫을까요?
나 : 네, 창문을 닫으세요.
　　아니요, 창문을 닫지 마세요.

몇 시에 전화하다

가 : 몇 시에 전화할까요?
나 : 2시에 하세요.

(1) 텔레비전을 끄다　(2) 머리를 자르다 　(3) 음식을 만들다

(4) 약을 언제 먹다 　(5) 이걸 어디에 놓다 　(6) 뭘 준비하다

단어 単語　□탁구 卓球　□창문 窓　□닫다 閉める　□놓다 置く

제**25**과 히로미 씨도 올 수 있어요?

듣기

聞き取り練習

1 듣고 맞는 것을 모두 고르십시오. 25-04
次の会話を聞いて、正しいものをすべて選びなさい。

(1) 이번 주말

(2) 다음 주말

① ② ③
④ ⑤ ⑥

2 듣고 다음에 이어지는 대답을 고르십시오. 25-05
次の内容を聞いて、後に続く答えを選びなさい。

(1)
① 9시까지 가세요.　② 같이 갑시다.　③ 8시까지 오세요.

(2)
① 네, 같이 가십시오.　② 네, 그럽시다.　③ 네, 같이 갑니다.

(3)
① 그럼 테니스를 치십시오.　② 같이 테니스를 칠까요?　③ 같이 테니스를 쳤어요.

208

읽기

하숙집을 찾고 있어요

히 로 미 : 여보세요, 하숙집입니까?
아주머니 : 네, 그런데요.
히 로 미 : 안녕하세요? 저는 일본 학생입니다. 하숙집을 찾고 있어요. 방이 있어요?
아주머니 : 네, 있습니다. 깨끗하고 좋아요.
히 로 미 : 하숙집에서 아침을 먹을 수 있어요?
아주머니 : 아침하고 저녁은 먹을 수 있어요. 그렇지만 점심은 먹을 수 없습니다.
히 로 미 : 인터넷도 할 수 있어요?
아주머니 : 물론입니다. 그리고 세탁은 할 수 있지만 요리는 할 수 없어요.
히 로 미 : 알겠습니다. 조금 더 생각한 후에 다시 전화하겠습니다.

1 이 하숙집에서 할 수 있는 것을 모두 고르십시오.
この下宿でできることをすべて選びなさい。

단어 単語

- 인터넷 インターネット
- 물론 もちろん
- 세탁 洗濯
- 알겠습니다 わかりました
- 더 もっと
- 생각하다 考える

활동

教室活動

하숙집을 구합시다

4명의 학생은 각각 하숙집 주인이 되어 하숙집의 구체적인 조건들을 정합니다(인터넷 사용, 물품 등) 다른 학생들은 4개의 하숙집을 돌아다니면서 보기 와 같이 묻고 알맞은 집을 선택해 봅시다.

4名の学生はそれぞれ下宿の主人になり、下宿の具体的な条件を決めます（インターネットの使用、物品等）。他の学生は４つの下宿を回りながら 보기 のように質問をし、合っている下宿を選びます。

보기

- 어디에 있어요?
- 지하철역에서 가깝습니까?
- 하숙비는 얼마예요?
- 방에 _____이/가 있어요?

원룸 형 하숙집

위치 : 지하철 _____역에서 10분

하숙비 : 800,000원 / 월

* 방이 크지 않지만 새 집이기 때문에 깨끗하고 조용합니다.
* 방마다 화장실 · 샤워실이 있습니다.
* 근처에 공원이 있습니다.

* 기타 : _____
　_____
　_____
　_____

오렌지 하숙집

위치 : 지하철 _____역에서 3분

하숙비 : 550,000원 / 월
　　　　30,000원 / 일
　　　　(2인실, 3인실 : _____원 / 일)

* 근처에 가게가 많고 시끄럽지만 음식이 맛있습니다.

* 기타 : _____
　_____
　_____
　_____

여성 전용 하숙집

위치 : 지하철 _____역에서 10분

하숙비 : 650,000원 / 월

* 여자들만 있기 때문에 아주 좋습니다.
  화장실과 샤워는 공동 사용.
* 1층은 편의점, 2~3층은 하숙집, 4층은 주인집입니다.
* 점심도 먹을 수 있습니다.
* 방이 좀 넓습니다.
* 기타 : _____

무지개 하숙집

위치 : 지하철 _____역에서 마을버스로 10분

하숙비 : 450,000원 / 월
　　　　 25,000원 / 1일

* 조용하고 방이 많지 않습니다.
  홈스테이 분위기입니다.
* 2층짜리 단독주택이고, 방이 4개입니다.
* 기타 : _____

한국 문화 엿보기　韓国文化探訪

韓国人の誕生日

韓国人は誕生日をどのように過ごすのでしょうか。韓国では誕生日の朝、「미역국（わかめスープ）」を食べる習慣があります。韓国には、出産後に「미역국」を食べる習慣もあるので、おそらく母親への感謝の気持ちを、もう一度考えるという意味があるのではないかと思います。

いつもの誕生日とは違う、少し特別な誕生日もあります。まず、赤ちゃんが生まれて1年後の初めての誕生日を「돌」といい、親戚や知人を招いてもてなしをしたり、「돌 복（1歳のお祝いのときに着る伝統衣装）」を着た子どもの写真を撮ったりします。この際、招待客が赤ちゃんに贈り物をしますが、金の指輪が定番の贈り物となっています。

また、60回目の誕生日を「환갑」または「회갑」といいます。この日には、誕生日を迎えた親のため、子どもがたくさんの人を招いて、盛大なパーティーを開き、親の長寿を願います。他にも、70歳の誕生日を「칠순」、80歳の誕生日は「팔순」といい、祝宴を開きます。

제26과 죄송해요. 저는 가지 못해요

앙 리 : 이리나 씨, 금요일 저녁에 홍대 앞 카페에서 외국인 교류 파티를 해요. 같이 가시겠어요?

이리나 : 죄송해요. 저는 가지 못해요.

앙 리 : 왜 못 가세요? 금요일 저녁에도 일이 있어요?

이리나 : 네, 토요일에 외국 출장을 가요. 그래서 좀 바빠요.

● **단어와 표현** 単語と表現

□ **카페** カフェ　　　　□ **외국인** 外国人　　　　□ **교류** 交流
□ **출장** 出張

アンリ : イリナさん、金曜日の夜、ホンデ（弘大）前のカフェで外国人の交流パーティーがあります。一緒に行きませんか。
イリナ : すみません。私は行けません。
アンリ : どうして行けないんですか。金曜日の夜にも仕事がありますか。
イリナ : はい。土曜日に海外出張に行きます。だから少し忙しいです。

문법　文法

1. '으'불규칙 동사 · 형용사

→ 「으」不規則動詞、形容詞は母音「아/어」が来ると語幹の「ㅡ」が脱落する。

기본형 基本形	-아/어요	-았/었어요
쓰다 書く	써요	썼어요
끄다 消す	꺼요	껐어요
예쁘다 かわいい	예뻐요	예뻤어요
바쁘다 忙しい	바빠요	바빴어요
아프다 痛い	아파요	아팠어요
(배가) 고프다 お腹がすく	고파요	고팠어요

보기　어제 친구에게 편지를 **썼어요**. 昨日、友だちに手紙を書きました。

　　　요즘 일이 많기 때문에 **바빠요**. 最近、仕事が多いので忙しいです。

　　　어제는 머리가 **아팠어요**. 昨日は頭が痛かったです。

2 -지 못하다/못-

→ 動詞について、主語が自分の能力不足や外的な理由によってその行為ができないことを表す。動詞の前に「못-」をつけて使うこともできる。

보기　비가 오기 때문에 등산을 가지 **못합니다**. 雨が降るので登山に行くことができません。

저는 중국어를 하지 **못합니다**. 私は中国語ができません。

저는 술을 잘 **못** 마셔요. 私はお酒を飲むことができません。

유형연습

類型練習

1

보기
가 : 여자 친구가 예쁩니까?
나 : 네, 여자 친구가 예뻐요.

(1) 머리가 아픕니까?

(2) 공책에 이름을 씁니까?

(3) 남동생이 키가 큽니까?

(4) 12월에 회사가 바쁩니까?

(5) 배가 많이 고픕니까?

2

보기

생선회를 먹다

생선회를 먹지 못합니다. / 못 먹습니다.

(1) 오늘 학교에 가다
(2) 운동을 잘하다
(3) 술을 마시다
(4) 일요일에 쉬었다
(5) 9시에 기차를 탔다

3

보기

가 : 한국 노래를 부릅니까?
나 : 아니요, 부르지 못합니다. / 못 부릅니다.

(1) 담배를 피우십니까?
(2) 한글을 읽을 수 있습니까?
(3) 여름에 휴가를 갑니까?
(4) 단어와 문법을 복습했습니까?
(5) 시험을 잘 봤어요?

단어 単語
□ 여름 夏　□ 단어 単語　□ 문법 文法　□ 복습하다 復習する
□ 시험을 보다 試験を受ける

듣기

次の内容

1 듣고 대답하십시오. 🔘 26-05
次の内容を聞いて、答えなさい。

(1) 마틴 씨 송별회는 언제 있었습니까?

(2) 송별회를 하기 전에 무엇을 했습니까?

(3) 이 사람은 왜 송별회에 가지 못했습니까?

(4) 언제 마틴 씨에게 이메일을 하려고 합니까?

2 듣고 맞으면 ○, 틀리면 X 하십시오. 🔘 26-06
次の会話を聞いて、合っていれば ○ 、間違っていれば × をつけなさい。

(1) 상우 씨는 중국어와 일본어를 잘합니다.　　☐

(2) 여자는 요즘 생선회를 잘 먹습니다.　　☐

(3) 여자는 영화를 볼 수 없었습니다.　　☐

읽기

読解練習

초대장

다음 주 토요일은 제 생일입니다.
그래서 우리 집에 반 친구들을 초대하고
선생님도 초대하려고 합니다.
제가 혼자 음식을 만들고 싶지만 요리를
잘 못하기 때문에 친구들과 같이 하려고 합니다.
식사도 하고 맥주도 마시려고 합니다.
식사가 끝난 후에는
우리 집 근처의 노래방에도 가려고 합니다.

안녕하세요? 제니입니다.
이번 주 토요일이 제 생일입니다. 우리 집에서 제 생일 파티를 하려고 해요.
우리 반 친구들을 모두 초대합니다. 아, 그리고 선생님도 초대했어요.
여러분 모두 꼭 오세요.~^^

날짜 : 10월 22일 토요일 저녁 6:00
장소 : 우리 집(노보텔 1104호) (이태원 역 1번 출구에서 100미터)
전화 : 010-2318-2318

---

1 위 글을 읽고 대답을 쓰십시오.
上記の文を読んで、答えを書きなさい。

(1) 왜 파티를 하려고 합니까?

(2) 제니 씨는 누구를 초대했습니까?

(3) 누구와 같이 음식을 만들려고 합니까?

(4) 식사 후에는 무엇을 하려고 합니까?

단어 単語

- 초대장 招待状
- 모두 すべて、みな
- 장소 場所
- 반 クラス
- 꼭 必ず
- 출구 出口
- 노래방 カラオケ
- 날짜 日にち
- 미터 メートル

활동

친구를 초대합시다!

보기 와 같이 두 사람씩 짝을 지어서 친구를 초대하는 대화를 해 보십시오.
보기 のようにペアになって友だちを招待する会話をしてみましょう。

> **보기**
>
> 학생 1 : 사토 씨, 다음 토요일에 시간이 있어요?
> 　　　　친구들하고 크리스마스 파티를 하려고 해요. 올 수 있어요?
> 학생 2 : 네, 갈 수 있어요. 몇 시까지 갈까요?
> 　　　　(죄송합니다. 저는 못 가요. 그날 약속이 있어요.)
> 학생 1 : 저녁 6시 반까지 홍대 앞 카페로 오세요. 선물도 준비하세요.

크리스마스 파티
(메리 크리스마스!)

언제 : 12월 24일 저녁 6시 30분
어디 : 홍대 앞 카페 ○○
회비 : 2만원, 선물 준비

송별회 (_____ 씨 송별회)

언제 : 금요일 저녁 8시
어디 : 명동 비어호프
회비 : 만 원

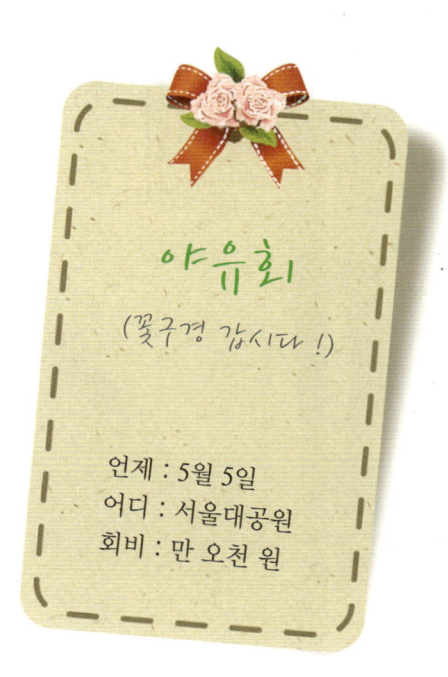

생일파티
(제 생일이에요!)

언제 : ____월 ____일 저녁 7시
어디 : _____

야유회
(꽃구경 갑시다!)

언제 : 5월 5일
어디 : 서울대공원
회비 : 만 오천 원

집들이
(제가 이사했어요!)

언제 : 이번 주 토요일 저녁 7시
어디 : 동교동 아트빌라 405호

| 한국 문화 엿보기 | 韓国文化探訪 |

引っ越しパーティー

韓国では、新居に引っ越して知人を招いて行うパーティーのことを「집들이」といいます。結婚したばかりの新婚夫婦はもちろん、転居したときにも親しい友人を招いて、ごちそうを振る舞います。また、招待客は、新居のあちこちを見物して回ります。

ところで「집들이」に招かれたとき、どんなプレゼントを持っていくのかをご存じですか。普通、人の家に招待されると、果物やケーキを持っていく場合が多いですが、「집들이」では少し異なります。トイレットペーパーやボックスティッシュ、または洗剤などを持っていきます。新生活のスタートに必要な日用品でもありますが、洗剤には、泡がたくさん立つように、福や財産が増えるように、との願いが込められているのです。

昔は、ロウソクやマッチを贈っていましたが、それも、炎が燃え上がるように家も繁盛するように、との意味が込められていたそうです。もちろん、もっと素敵なプレゼントを持っていってもかまいません。これらを必ず守る必要はありません。

제27과 제 생일에 누나한테서 받았어요

민 지: 야마다 씨, 모자가 멋있어요. 어디에서 샀어요?

야마다: 제 생일에 누나한테서 받았어요.

민 지: 야마다 씨도 누나 생일에 보통 선물해요?

야마다: 네, 그런데 올해는 누나한테 선물을 못했어요. 전화만 했어요.

● 단어와 표현 単語と表現

  □ 올해 今年

ミンジ ： 山田さん、帽子、素敵ですね。どこで買ったんですか。
山田　 ： 私の誕生日に姉からもらいました。
ミンジ ： 山田さんもお姉さんの誕生日に普通プレゼントを贈りますか。
山田　 ： ええ、でも今年は姉にプレゼントを贈れませんでした。電話だけしました。

문법 文法

1 -에게(한테)

→ 「だれそれに」の「に」にあたる助詞である。敬語では「-께」を使い、事物には「-에」を使う。

보기　저는 한국 사람에게 영어를 가르칩니다. 私は韓国の人に英語を教えます。

　　　　부모님께 무슨 선물을 드렸습니까? 両親に何をプレゼントしましたか。

　　　　회사에 전화했어요. 会社に電話しました。

2 -에게서(한테서)

→ 「だれそれから」の「から」にあたる助詞である。「-에게서」と「-한테서」の「서」を省略して言うこともできる。敬語では「-께」を使い、事物には「-에서」を使う。

보기　친구에게서 그 소식을 들었습니다. 友だちからその知らせを聞きました。

　　　　누구한테 카드를 받았습니까? 誰からカードをもらいましたか。

　　　　조금 전에 회사에서 전화가 왔습니다. 少し前に会社から電話がかかってきました。

3 -만

→ 「ただ、ひたすら」という意味で使ったり、強調する場合に使われる助詞である。

보기　잠깐**만** 기다리세요. ちょっとだけお待ちください。

　　　주말에 집에**만** 있었어요. 週末、ずっと家にいました。

　　　병원에 안 가고 약**만** 먹었어요. 病院に行かず、薬だけ飲みました。

유형연습 / 類型練習

1

보기

가 : 누구한테 편지를 써요?
나 : 언니한테 써요.

가 : 어디에 전화를 했어요?
나: 여행사에 전화를 했어요.

(1) 그 이야기를 누구한테 했어요?　후배

(2) 누구한테 선물을 드렸어요?　어머니

(3) 누구한테 한국말을 가르쳐요?　외국인 학생

(4) 어디에 연락했어요?   (5) 어디에 이메일을 써요?

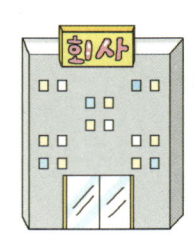

2

보기

가 : 누구한테서 이 반지를 받았어요?
나 : 남자 친구한테서 받았어요.

가 : 어디에서 전화가 왔어요?
나 : 집에서 전화가 왔어요.

(1) 누구한테서 메시지가 왔어요?

(2) 누구한테서 초콜릿을 받았어요?

(3) 누구한테서 한국말을 배워요?

(4) 어느 나라에서 오셨어요?

(5) 어디에서 소포가 왔어요?

3

보기

2인분

가 : 불고기를 3인분 시킬까요?
나 : 아니요, 2인분만 시키세요.

(1) 한국말

교실에서 영어도 사용해요?

(2) 커피

그 가게에서 맥주도 팔아요?

(3) 모자

모자도 사고 장갑도 사셨어요?

(4) 주말

평일에도 아르바이트를 하세요?

(5) 오전

오후에도 수업이 있어요?

단어 単語　□후배 後輩　□이메일 Eメール　□반지 指輪　□소포 小包　□불고기 プルコギ（食べ物の名前）
□사용하다 使う　□장갑 手袋　□평일 平日

듣기

1 누구한테서 무엇을 받았습니까? 듣고 맞는 것끼리 연결하십시오. 🔵 27-05
誰から何をもらいましたか。次の内容を聞いて、正しいものを線でつなぎなさい。

(1)  존

(2)  진영

(3)  사이토

(4)  고향 친구

(5)  부모님

① (케이크와 꽃)

② (컴퓨터)

③ (휴대폰)

④ (시계)

⑤ (CD)

읽기

선물

제 남동생은 금년 봄에 고등학교를 졸업했어요.
졸업식 날 저는 남동생에게 카드와 함께 시계를 선물했어요.
디자인도 멋있고 색깔도 예쁘기 때문에
남동생은 그 시계를 아주 좋아해요.
그래서 날마다 차요.

이 가방은 작년에 미국 친구한테서 받았어요.
우리는 같이 한국말을 열심히 공부했어요.
친구는 1년 전에 미국에 돌아갔어요.
미국에 가기 전에 저에게 이 가방을 선물했어요.
가방이 크고 편하기 때문에 자주 들어요.

1 위 글을 읽고 대답을 쓰십시오.
上記の文章を読んで、問いに答えなさい。

(1) 왜 남동생한테 시계를 선물했습니까?

(2) 남동생은 왜 이 시계를 좋아합니까?

(3) 친구가 언제 가방을 선물했습니까?

(4) 이 가방을 왜 자주 듭니까?

2 여러분도 자기가 받은 선물을 소개해 봅시다.
皆さんも、もらったプレゼントについて紹介してみましょう。

단어 単語

- 시계 時計
- 봄 春
- 카드 カード
- 색깔 色
- 차다 （腕時計などを身に）つける
- 열심히 一生懸命
- 돌아가다 帰る

활동 / 教室活動

가족과 친구들에게 무엇을 선물했습니까?

자기가 받은 선물이나 언제 누구한테 선물을 주고 받는지 이야기해 봅시다.
自分がもらったプレゼントや、どんなときに誰と、プレゼントの交換をするのかについて話してみましょう。

누구에게 / 누구에게서	언제	무엇을	줍니까? / 받습니까?	왜요?
어머니에게	생신에	한국 드라마 디브이디	선물하고 싶어요.	어머니가 한국 드라마를 좋아하시기 때문이에요.
____에게서	크리스마스		선물 받았어요.	
____에게	결혼기념일		주려고 해요.	

초콜릿, 부채, 손수건, 김치, 과자, 티셔츠, 화장품세트, 스카프, 녹차세트, DVD (겨울연가), CD, 액세서리

제27과 제 생일에 누나한테서 받았어요

제28과 저는 보통 지하철로 와요

제 니: 상우 씨는 회사에 어떻게 오세요?

상 우: 집이 회사에서 가깝기 때문에 걸어와요.

제 니: 시간이 얼마쯤 걸려요?

상 우: 한 20분쯤 걸려요. 제니 씨는 뭘 타고 오세요?

제 니: 저는 보통 지하철로 와요.

◉ **단어와 표현** 単語と表現

□ **걸어오다** 歩いて来る　　□ **(시간이) 걸리다** （時間が）かかる　　□ **타고 오다** 乗ってくる

ジェニー： サンウさんは会社にどうやって来ますか。
サンウ　： 自宅が会社から近いので歩いて来ます。
ジェニー： 時間はどれくらいかかりますか。
サンウ　： 約20分ほどかかります。ジェニーさんは何に乗って来ますか。
ジェニー： 私はたいてい地下鉄で来ます。

문법 文法

1 ㄷ불규칙동사

→ 「ㄷ 不規則動詞」は母音が来れば語幹の「ㄷ」パッチムが「ㄹ」に変わる。しかし例外として「닫다」、「받다」のように「ㄷ」が変わらない動詞もある。

기본형 基本形	-(으)십시오	-어요	-었어요
듣다 聞く	들으십시오	들어요	들었어요
걷다 歩く	걸으십시오	걸어요	걸었어요
묻다 尋ねる	물으십시오	물어요	물었어요
*닫다 閉める	닫으십시오	닫아요	닫았어요

보기　이 음악을 **들으세요**. この音楽を聴いてください。

어제 공원에서 **걸었어요**. 昨日、公園を歩きました。

*문을 **닫으십시오**. ドアを閉めてください。

2 -쯤

→ 時間や数字、位置などが定かではないが、大体その程度であることを表す。普通、「한」を伴って使う。

보기 내일 2시쯤 만날까요? 明日の２時頃会いましょうか。

　　　　손님이 한 10명쯤 오십니다. お客様が大体10名ほどいらっしゃいます。

　　　　홍대역쯤 오면 전화하세요. ホンデ駅あたりに来たら、電話してください。

3 -(으)로

→ 手段や方法を表す助詞である。前の名詞にパッチムがあれば「으로」を、パッチムがなかったり、パッチム「ㄹ」で終われば「로」の形で使う。

보기 친구하고 영어로 이야기합니다. 友だちと英語で話します。

　　　　젓가락으로 먹습니다. 箸で食べます。

　　　　지하철로 학교에 왔습니다. 地下鉄で学校に来ました。

유형연습 / 類型練習

1

보기

집 / 지하철 역

가 : 집이 지하철 역에서 가깝습니까?
나 : 네, 가깝습니다.
　　 / 아니요, 멉니다.

(1) 남대문 / 시청

(2) 캐나다 / 한국

(3) 스포츠센터 / 회사

(4) 한강 / 집   (5) 설악산 / 서울

2

[보기]

80명

가: 가게에 손님이 몇 명 왔습니까?
나: 80명쯤 왔습니다.

(1) 2병

맥주를 몇 병 마실 수 있어요?

(2) 3시간

날마다 한국말을 몇 시간 공부합니까?

(3) 100권

책이 몇 권 있습니까?

(4) 7시

보통 몇 시에 일어나세요?

(5) 내년 4월

언제 일본에 돌아가려고 해요?

제28과 저는 보통 지하철로 와요

3

보기

숟가락

가 : 무엇으로 밥을 먹습니까?
나 : 숟가락으로 먹습니다.

(1) 볼펜

무엇으로 공책에 씁니까?

(2) 가위

무엇으로 종이를 자릅니까?

(3) 자동차

날마다 무엇으로 회사에 출근합니까?

(4) 색연필

무엇으로 그림을 그립니까?

(5) 한국말

어느 나라 말로 이야기합니까?

안녕하세요? 오랜만이에요.

단어 単語   □멀다 遠い   □숟가락 スプーン   □가위 はさみ   □색연필 色鉛筆   □그림 絵   □그리다 描く

232

듣기

聞き取り練習

1 듣고 대답을 쓰십시오. 🔘 28-05
次の内容を聞いて、問いに答えなさい。

(1) 무엇을 타고 갔습니까? 시간이 얼마나 걸렸습니까?

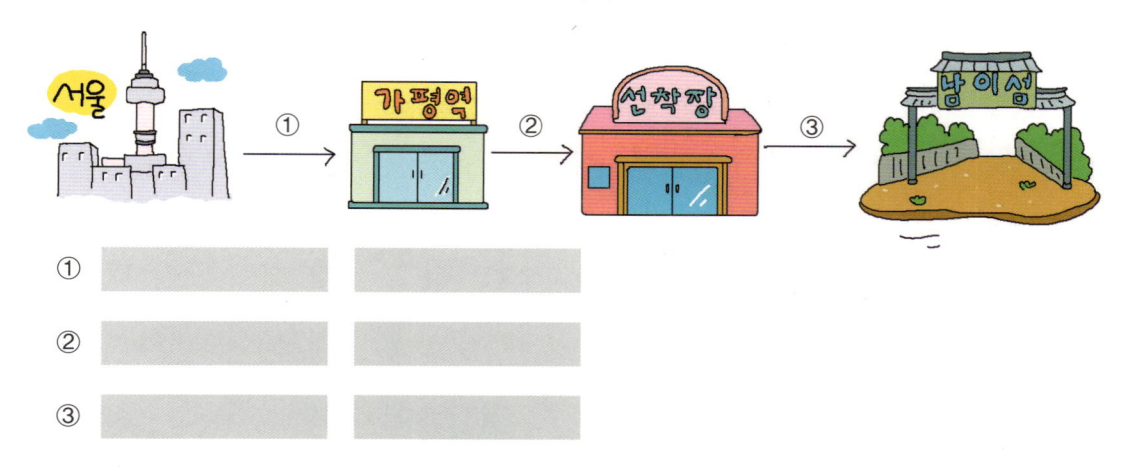

① _____   _____
② _____   _____
③ _____   _____

(2) 남이섬에서 무엇을 할 수 있습니까?

한국 문화 엿보기 韓国文化探訪

公共交通機関

韓国で地下鉄が利用できるのは、ソウル、キョンギド（京畿道）、テグ（大邱）、プサン（釜山）、クァンジュ（光州）、テジョン（大田）です。バスや地下鉄は、交通カードを使うと便利です。駅や指定の店でカードを購入した後、希望の金額をチャージして使います。交通カードを使うと、現金で支払うより、料金が少し安くなります。また、バス・地下鉄間の相互乗り換えの際、割引されたり、無料になったりします。バスや地下鉄を利用してさまざまな場所に出かけると、ときどきイベントなどを開催している駅もあって楽しいです。

バス停の案内板や地下鉄の路線図を使って、公共交通機関を有効に利用してみてはいかがですか。

읽기

신촌? 시청?

저는 작년에 한국에 왔습니다. 한국말도 공부하고 일도 하고 있습니다.

서울에서 보통 지하철로 다닙니다. 제가 길을 잘 모르기 때문에 버스는 타지 않습니다.

그런데 오늘은 아침에 늦게 일어났기 때문에 택시를 탔습니다.

"아저씨, '시청'으로 가 주세요."

"네, 알겠습니다."

저는 택시 안에서 서류를 보고 있었습니다.

"손님 다 왔습니다."

"여기가 어디예요?"

"신촌입니다."

회사가 시청 근처에 있기 때문에 저는 시청에 가려고 했습니다.

하지만 택시는 신촌으로 왔습니다.

저는 택시 기사에게 다시 설명하고 시청까지 갔지만 회사에 늦었습니다.

1 위 글을 읽고 맞으면 ○, 틀리면 X 하십시오.
上記の内容と合っていれば ○、異なっていれば × をつけなさい。

(1) 이 사람은 보통 버스로 회사에 다닙니다.

(2) 이 사람의 회사는 시청에서 멉니다.

(3) 택시는 처음에 시청에 도착했습니다.

(4) 이 사람은 오늘 회사에 늦었습니다.

단어 単語

- 다니다 通う
- 하지만 しかし
- 늦다 遅い
- 길 道
- 기사 運転手
- 서류 書類
- 설명하다 説明する

활동

젓가락으로 라면을 먹습니다

두 사람이 짝이 되어 먼저 한 사람이 문장 카드를 고른 후 말하면 상대방은 맞는 그림을 골라 보기 와 같이 말합니다. 서로 바꾸어서 해 봅시다.

ペアになってまず1人が文章カードを選んで読んでから、相手はそれに合った絵を選び、보기 のように言います。交替してやってみましょう。

> **보기**
>
> 학생 1: '라면을 먹습니다.'
> 학생 2: 젓가락으로 라면을 먹습니다.

라면을 먹습니다.	이메일을 보냅니다.	문을 엽니다	돈을 찾습니다.	글씨를 지웁니다.
학교에 옵니다.	글씨를 씁니다.	머리를 자릅니다.	친구와 이야기합니다.	손을 닦습니다.

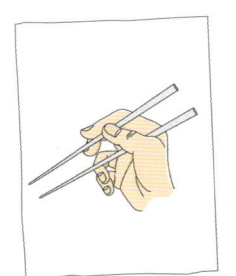

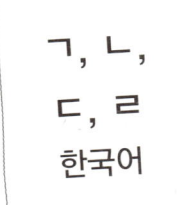

제28과 저는 보통 지하철로 와요

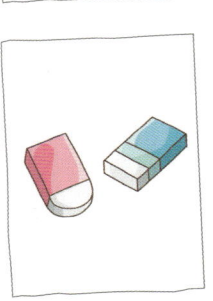

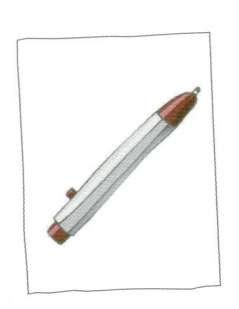

제29과 7번 출구로 나가세요

리 밍: 여기에서 세종문화회관에 어떻게 가요?

민 지: 지하철 5호선을 타고 광화문역에서 내리세요.

리 밍: 몇 번 출구로 나가요?

민 지: 7번 출구로 나가세요. 경복궁 쪽으로 조금만 걸어가면 왼쪽에 있어요.

- **단어와 표현** 単語と表現

  □ 세종문화회관 セジョン（世宗）文化会館
  □ 쪽 ～方、～側
  □ 나가다 出る
  □ 걸어가다 歩いて行く

リ・ミン： ここからセジョン（世宗）文化会館にどうやって行きますか。
ミンジ： 地下鉄5号線に乗って、クァンファムン（光化門）駅で降りてください。
リ・ミン： 何番出口から出ますか。
ミンジ： 7番出口から出てください。キョンボックン（景福宮）に向かって少し歩くと左側にあります。

문법 文法

1 –(으)로

↪ 方向を表す助詞である。

보기　오른쪽으로 가십시오. 右側へ行ってください。

　　　앞으로 오십시오. 前へ来てください。

　　　시청 쪽으로 가세요. 市庁の方へ行ってください。

2 –(으)면

↪ 語幹について仮定や条件を表したり、反復的であることを表す。語幹末にパッチムがなかったり、パッチム「ㄹ」が来れば「-면」を、「ㄹ」以外のパッチムが来れば「-으면」を使う。

보기　피곤하시면 좀 쉬세요. お疲れでしたら少し休んでください。

　　　시간이 있으면 뭘 하고 싶으세요? 時間があったら何がしたいですか。

　　　봄이 오면 꽃이 핍니다. 春が来れば、花が咲きます。

유형 연습

1

보기

가 : 전망대가 어디에 있어요?
나 : 10층으로 가세요.

(1) 서울병원이 어디에 있어요? (왼쪽)

(2) 어디로 갈까요? (인사동/명동)

(3) 교실이 몇 호예요? (402)

(4) 손님, 어느 쪽으로 갈까요? (오른쪽)

(5) 내일 제가 어디로 올까요? (여기)

2

보기

내일 날씨가 좋다 / 등산을 갑시다.

내일 날씨가 좋으면 등산을 갑시다.

(1) 친구가 한국에 오다 / 어디로 안내하시겠어요?

(2) 내일 시간이 있다 / 우리 집에 놀러 오세요.

(3) 거기 가고 싶지 않다 / 가지 마세요.

(4) 다음에 한국에 오다 / 연락하겠습니다.

(5) 여기서 100미터쯤 가다 / 오른쪽에 은행이 있어요.

3

보기

열심히 공부하다

가: 어떻게 하면 한국말을 잘할 수 있어요?
나: 열심히 공부하면 잘할 수 있어요.

(1) 노래를 부르다

무엇을 하면
기분이 좋아요?

(2) 지하철 6호선을 타다

어떻게 하면
월드컵 경기장에 갈 수 있어요?

(3) 비가 오지 않다

내일 에버랜드에
가려고 해요?

(4) 8살이 되다

한국에서는 언제
초등학교에 가요?

(5) 밖으로 나가다

화장실이 어디에
있어요?

단어 単語   □ 전망대 展望台   □ 안내하다 案内する   □ 연락하다 連絡する   □ 기분 気分
□ 월드컵 경기장 ワールドカップ競技場   □ 되다 ~になる   □ 초등학교 小学校   □ 밖 外

듣기

1 이 사람은 지금 어디를 찾고 있습니까? 듣고 쓰십시오. 🔊 29-05

この人は今、何を探していますか。次の内容を聞いて、書きなさい。

(1) _____

(2) _____

(3) _____

(4) _____

(5) _____

읽기

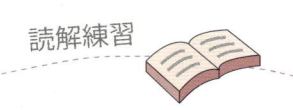

서울대공원에 어떻게 가요?

앙　리 : 이번 주말에 서울대공원에 가려고 해요.

이리나 : 아! 저도 지난달에 갔어요.
　　　　 동물원도 있고 식물원도 있기 때문에
　　　　 아주 재미있었어요.

앙　리 : 그래요? 그런데 여기에서 어떻게 가요?

이리나 : 지하철로 갈 수 있어요.
　　　　 신촌역에서 2호선을 타고 사당역에서
　　　　 내리세요. 거기서 4호선으로 갈아타세요.

앙　리 : 사당역에서 멀어요?

이리나 : 아니요, 멀지 않아요. 한 15분쯤 걸려요.

1 위 글을 읽고 대답을 쓰십시오.
　　 上記の文を読んで、問いに答えなさい。

　(1) 서울대공원에 무엇이 있습니까?

　(2) 신촌에서 서울대공원까지 어떻게 갑니까?

　(3) 서울대공원은 사당역에서 멉니까?

단어 単語

- 서울대공원 ソウル大公園
- 동물원 動物園
- 식물원 植物園
- 갈아타다 乗り換える

활동

어떻게 갑니까?

지하철 노선을 보고 가는 방법을 보기 와 같이 이야기해 봅시다.
地下鉄の路線図を見て、보기 のように行き方を説明してましょう。

> **보기**
>
> 학생 1 : '명동'에서 '압구정동'에 가려고 합니다.
> 학생 2 : 명동에서 4호선을 탑니다. 충무로에서 내립니다.
>   충무로에서 3호선으로 갈아탑니다.

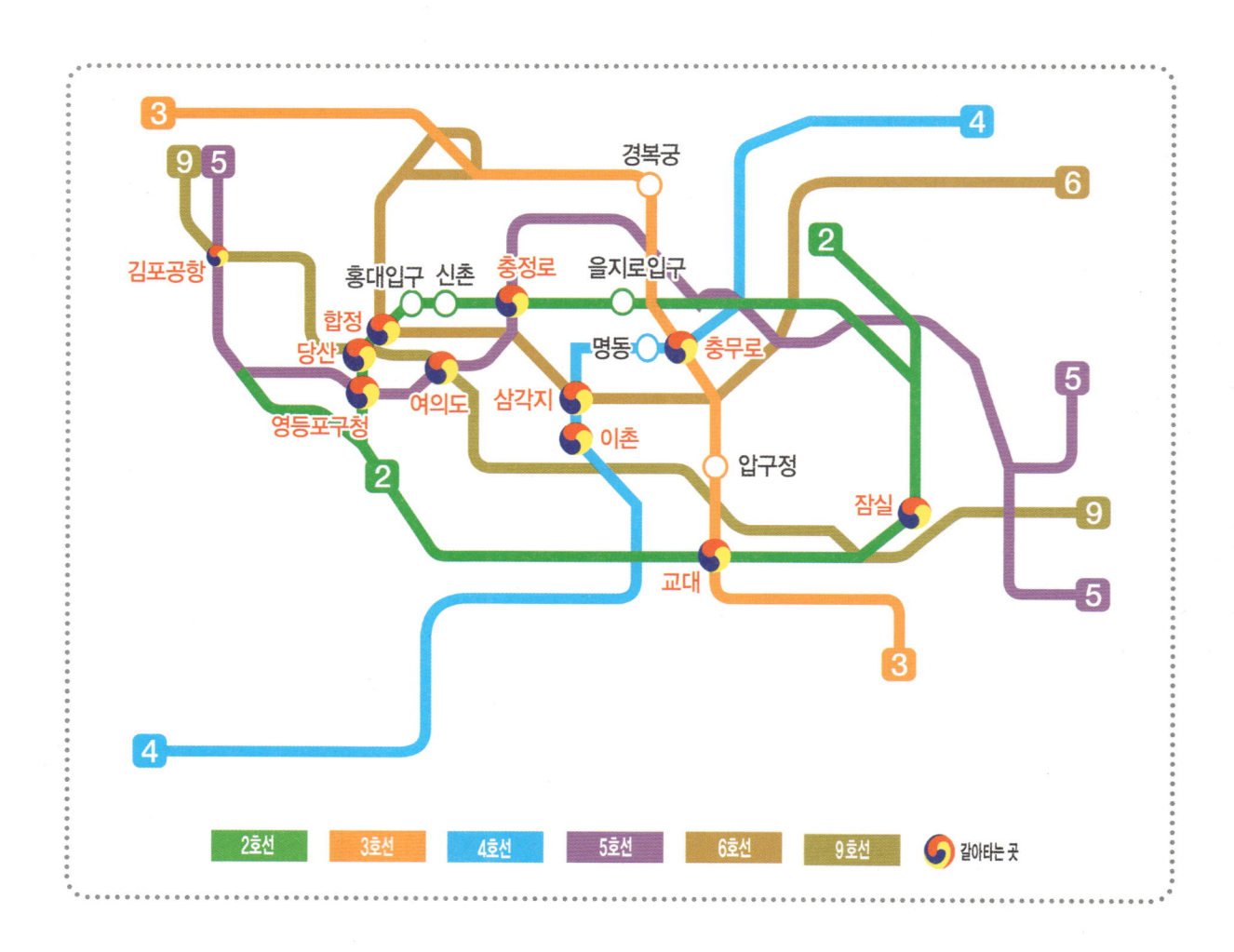

(1) 신촌 ⇨ 여의도

(2) 이촌 ⇨ 홍대입구

(3) 잠실 ⇨ 경복궁

(4) 홍대입구 ⇨ 김포공항

한국 문화 엿보기　韓国文化探訪

韓国の古宮

ソウルの雑踏から抜け出して、ゆったりと時間を過ごしたいと考えている方は、韓国伝統建築の趣を今に伝える古宮へ出かけてみてはいかがですか。ソウルには、バスや地下鉄を利用して気軽に行ける古宮がたくさんあります。

まず、景福宮は韓国を代表する宮殿で、雄大な規模を誇ります。景福宮には「경회루」という美しい楼閣があり、そのとなりには「国立民族博物館」もあります。時間に余裕があれば、博物館に立ち寄って昔の韓国の姿を見学し、ゆったりと古宮を散歩してみてはいかがですか。

「돌담길（石垣道）」で有名な徳寿宮は、地下鉄ソウルメトロ2号線「시청（シチョン、市庁）」駅から歩いて行けます。ソウル市内のほぼ真ん中にあり、アクセスも容易です。徳寿宮には、宮中史料展示館や美術館があります。過去と現在が織りなす調和の中で、古宮の美しさを満喫できるでしょう。

また、ドラマのロケ地としても有名な昌徳宮は、その美しさと完成度の高さから、世界文化遺産に指定されています。ソウルには、他にも昌慶宮や慶熙宮などがあります。

제30과 인삼이나 김을 선물해요

앙 리 : 가족이나 친구들에게 무엇을 선물하면 좋아요?

히로미 : 저는 인삼이나 김을 선물해요. 앙리 씨, 프랑스에 가세요?

앙 리 : 네, 다음 주에 가요. 그런데 인삼은 어디에서 샀어요?

히로미 : 시장에서 사거나 백화점에서 샀어요.

● **단어와 표현** 単語と表現

□ **인삼** 高麗人参　　□ **김** 海苔

アンリ ： 家族や友だちに何をプレゼントしたらいいですか。
宏美 　： 私は高麗人参や海苔を贈ります。アンリさん、フランスに行くんですか。
アンリ ： はい、来週行きます。ところで高麗人参はどこで買いましたか。
宏美 　： 市場で買ったり、デパートで買ったりしました。

문법 文法

1 -(이)나

→ 2つ以上の名詞を例に挙げて並べるときに使う。名詞にパッチムがなければ、「-나」を、パッチムがあれば「-이나」が使われる。

보기　아침에는 밥**이나** 빵을 먹습니다. 朝にはご飯かパンを食べます。

　　　　주말**이나** 휴일에 친구를 만납니다. 週末や休日に友だちに会います。

　　　　명동**이나** 인사동에서 쇼핑을 합니다. ミョンドンやインサドンで買い物をします。

2 -거나

→ 2つ以上の動作や状態を例に挙げて並べるときに使う。

보기　주말에는 영화를 보**거나** 친구를 만납니다. 週末は映画を観たり、友だちに会ったりします。

　　　　일요일에 책을 읽**거나** 음악을 들어요. 日曜日に本を読んだり、音楽を聞いたりします。

　　　　피곤하**거나** 아프면 집에서 쉽니다. 疲れていたり、具合が悪いときには、家で休みます。

제**30**과 인삼이나 김을 선물해요　245

유형 연습

1

보기
가 : 회사에 어떻게 가세요?
나 : 버스나 지하철을 타요.

(1) 외국 사람들이 무슨 음식을 잘 먹어요?

(2) 신혼여행을 어디로 가고 싶어요?

(3) 손님이 오시면 식사를 하러 어디에 가세요?

(4) 다음 주에 언제 만날까요?

(5) 부모님 댁에는 보통 언제 가세요?

2

보기

가 : 주말에 보통 무엇을 합니까?
나 : 친구를 만나거나 운동을 해요.

(1) 저녁에 집에서 보통 무엇을 합니까?

(2) 친구를 만나면 보통 무엇을 합니까?

(3) 돈이 많이 있으면 무엇을 하고 싶어요?

(4) 수업 후에 뭘 하려고 해요?

(5) 집에서 학원에 어떻게 오세요?

단어 単語　□ 신혼여행 新婚旅行

제**30**과 인삼이나 김을 선물해요　247

듣기

聞き取り練習

1 듣고 대화에 <u>없는</u> 것을 고르십시오. 🔘 30-04
次の会話を聞いて、会話に<u>ない</u>ものを選びなさい。

(1) ①  ②  ③

(2) ①  ②  ③

(3) ①  ②  ③

(4) ①  ②  ③

읽기

読解練習

선유도 공원

선유도 공원을 소개하겠습니다.
선유도 공원은 버스나 지하철을 타고 갈 수 있어요.
9호선 선유도역에서 한 10분쯤 걸어서 가요.
선유도 공원은 한강에 있기 때문에 경치가 아주 아름답습니다.
특히 밤에 경치가 멋있어요. 가끔 콘서트도 볼 수 있고
카페가 있기 때문에 차도 마실 수 있어요.
또 근처에서 배를 타고 한강을 구경할 수도 있어요.

1 위 글을 읽고 대답을 쓰십시오.
上記の文を読んで、問いに答えなさい。

(1) 선유도 공원은 어느 역에서 가깝습니까?

(2) 선유도 공원은 어디에 있습니까?

(3) 공원에서 무엇을 할 수 있습니까?

단어 単語

- 걸어서 歩いて
- 특히 特に
- 콘서트 コンサート
- 또 また
- 배 船

활동

教室活動

서울의 명소를 소개해 봅시다

서울에서 소개하고 싶은 곳이 있습니까? 아래 사진을 보면서 소개해 봅시다.
ソウルで紹介したい所はありますか。下の写真を見ながら紹介してみましょう。

1. 대학로

대학로를 소개하겠습니다. 지하철 4호선을 타고 혜화역에서 내리십시오.

〈마로니에 공원〉

〈뮤지컬·연극〉

〈길거리 공연〉

2. 여의도

여의도를 소개하겠습니다. 지하철 5호선을 타고 여의도역이나 여의나루역에서 내리십시오.

〈63빌딩 전망대 · 수족관〉

〈윤중로 벚꽃축제〉

〈여의도공원 · KBS 방송국〉

〈유람선〉

付録

解答 ・ 254

聞き取り問題 ・ 258

読解日本語訳 ・ 264

単語索引 ・ 269

文法索引 ・ 277

動詞・形容詞活用表　初級1 ・ 278

不規則動詞・形容詞活用表　初級1 ・ 282

解答

1과
⟨듣기⟩
1 (1) ① (2) ① (3) ② (4) ②
2 (1) 아 (2) 오 (3) 여 (4) 으 (5) 오이 (6) 아우
(7) 유아 (8) 여우 (9) 다 (10) 누 (11) 포
(12) 티 (13) 기차 (14) 누구 (15) 가지 (16) 파도

2과
⟨듣기⟩
1 (1) ① (2) ② (3) ③ (4) ②
2 (1) 애 (2) 왜 (3) 와 (4) 위 (5) 궤 (6) 회
(7) 죄 (8) 개 (9) 쑤 (10) 까 (11) 토끼
(12) 지게 (13) 까 (14) 토 (15) 버 (16) 치

3과
⟨듣기⟩
1 (1) ① (2) ① (3) ① (4) ②
2 (1) 손 (2) 정 (3) 꼭 (4) 꿀 (5) 묵다 (6) 있다
(7) 밭 (8) 감 (9) 갑이 (10) 방을 (11) 짐을
(12) 꽃이 (13) 밖이 (14) 좋아 (15) 옆을
(16) 웃어요

4과
⟨듣기⟩
1 (1) 다나카 (2) 마리 (3) 김진표 (4) 마리
(5) 왕웨이 (6) 제임스 (7) 왕웨이

⟨읽기⟩
1 (1) 네, 안녕하십니까?
(2) 안녕히 가십시오.
(3) 안녕히 가십시오.

5과
⟨듣기⟩
(1) O (2) X (3) X (4) O
(5) O (6) O (7) X (8) O

⟨읽기⟩
(1) 저것, 저것 (2) 그것, 이것

6과
⟨듣기⟩
1 (1) ② (2) ④ (3) ① (4) ⑤

⟨읽기⟩
1 (1) 공무원 (2) 영어 교사 (3) 간호사
(4) 형의 아들 (5) 우리 결혼사진

7과
⟨듣기⟩
1 (1) ③ (2) ⑧ (3) ④ (4) ② (5) ⑨ (6) ①
(7) ⑦ (8) ⑤ (9) ⑥
2 (1) 우리 아버지 - 운동 - 하다
(2) 학생들 - 한국말 - 배우다
(3) 제 동생 - 영화 - 보다
(4) 김영수 씨 - 맥주 - 마시다
(5) 저 - 친구 - 기다리다

⟨읽기⟩
1 ① 제니 씨 ② 이리나 씨 ③ 리밍 씨
④ 야마다 씨

8과
⟨듣기⟩
1 (1) ⑥ (2) ⑤ (3) ② (4) ⑧
(5) ⑦ (6) ① (7) ③ (8) ④
2 (1) 일어나십니다. (2) 읽으십니다. (3) 잡수십니다.
(4) 보십니다. (5) 쓰십니다. (6) 주무십니다.

⟨읽기⟩
1 (1) 잘 지냅니다. (2) 안녕하십니다. (3) 잘 있습니까?

9과
⟨듣기⟩
1 (1) ④ (2) ⑤ (3) ① (4) ③
2 (1) ② (2) ⑤ (3) ① (4) ③

⟨읽기⟩
1 (1) 앙리 씨 (2) 야마다 씨 (3) 제니 씨
(4) 리밍 씨 (5) 이리나 씨

10과

〈듣기〉
1 (1) ②　(2) ③　(3) ①　(4) ③

〈읽기〉
1 (1) 4층 407호　(2) 12월 23일　(3) 지하철 2호선

11과

〈듣기〉
1 (1) O　(2) O　(3) X　(4) X　(5) O　(6) X
2 (1) ⑤　(2) ②　(3) ③
　　(4) ⑥　(5) ④　(6) ①

〈읽기〉
1 (1) ⑤　(2) ②　(3) ①, ④
　　(4) ④　(5) ③

12과

〈듣기〉
1 (1) 화요일　(2) 수요일　(3) 일요일
　　(4) 목요일　(5) 월요일
2 (1) 금요일입니다.
　　(2) 영화를 보았습니다.
　　(3) 아르바이트를 했습니다.
　　(4) 목요일에 약속이 있습니다.
　　(5) 생일파티를 했습니다.

〈읽기〉
1 (1) O　(2) X　(3) X　(4) O　(5) O

13과

〈듣기〉
1 (1) ②　(2) ②　(3) ①　(4) ①
　　(5) ①　(6) ①　(7) ②　(8) ①

〈읽기〉
1 ②

14과

〈듣기〉
1 (1) ①　(2) ①　(3) ②　(4) ②　(5) ②
2 (1) 8(여덟)개　(2) 7(일곱)장　(3) 3(세)명, 4(네)명
　　(4) 2,000원에 3(세)개　(5) 1(한)병에 13,000원

〈읽기〉
1 (1) 3,400원, 2(두)병　(2) 4,000원, 300그램
　　(3) 한 개에, 2(두)개　(4) 한 마리에, 2(두)마리

15과

〈듣기〉
1 (1) ②　(2) ①　(3) ②
2 (1) ②　(2) ③

〈읽기〉
1 (1) 지난달에 왔습니다.
　　(2) 아니요, 한국 음식 이름을 잘 모릅니다.
　　(3) 갈비탕을 먹었습니다.
　　(4) 아니요, 음식 이름이 아닙니다.

16과

〈듣기〉
1 (1) ③　(2) ⑤　(3) ④
2 (1) [시계 그림]　(2) [시계 그림]　(3) [시계 그림]

17과

〈듣기〉
① → ⑦ → ⑧ → ⑤ → ② → ⑥ → ④ → ③

〈읽기〉
1 (1) 2002년 2월에 고등학교를 졸업했습니다.
　　　(___년 전에 고등학교를 졸업했습니다.)
　　(2) 취직하기 전에 일본에서 유학을 했습니다.

18과

〈듣기〉
1 (1) ②, ①　(2) ①, ②　(3) ①, ②
　　(4) ②, ①　(5) ①, ②

〈읽기〉
1 ② → ④ → ③ → ①

19과

〈듣기〉
1 (1) ①, ③　(2) ①, ②, ③　(3) ②, ③

〈읽기〉
1. (1) 하지 않았습니다.
   (2) 김치찌개를, 맛이 없었기 때문에
   (3) 요리 책을
   (4) 음식 만들기가

20과
〈듣기〉
1. (1) ②, ④ (2) ②
2. (1) X (2) O (3) X
3. (1) 삼계탕을 (2) 인삼을

〈읽기〉
(1) X (2) X (3) O (4) X

21과
〈듣기〉
1. (1) ② (2) ②, ④ (3) ① X, ② O, ③ X

〈읽기〉
1. 예요, 왔어요, 예요, 있어요, 아세요?, 와요, 해요, 유명해요, 많아요, 가요, 오세요
2. (2) 남쪽에 있어요.
   (3) 바다가 있어요.
   (4) 고향에 가요.

22과
〈듣기〉
1. ② → ① → ④ → ⑤ → ③
2. (1) ③ (2) ① (3) ①

〈읽기〉
1. (1) ② (2) ③ (3) ① (4) ④

23과
〈듣기〉
1. (1) ③ (2) ① (3) ②
2. (1) X (2) O
3. (1) 쉬려고 합니다. (2) 금요일부터
4. (1) 스포츠센터에서 운동하려고 합니다.
   (2) 4월부터 운동하려고 합니다.

〈읽기〉
1. (1) X (2) O (3) X (4) O

24과
〈듣기〉
1. (1) ② (2) ③ (3) ③ (4) ③

25과
〈듣기〉
1. (1) ③ ⑥ (2) ① ④
2. (1) ③ (2) ② (3) ②

〈읽기〉
1. ① ② ⑤ ⑥

26과
〈듣기〉
1. (1) 어제 저녁에 송별회가 있었습니다.
   (2) 초대장도 만들고 선물도 준비했습니다.
   (3) 회사에서 정말 바빴기 때문에 못 갔습니다.
   (4) 마틴 씨가 돌아간 후에 이메일을 하려고 합니다.
2. (1) X (2) O (3) O

〈읽기〉
1. (1) 제니 씨 생일이기 때문에 파티를 하려고 합니다.
   (2) 반 친구들과 선생님을 초대했습니다.
   (3) 친구들과 같이 음식을 만들려고 합니다.
   (4) 노래방에 가려고 합니다.

27과
〈듣기〉
1. (1) ⑤ (2) ④ (3) ① (4) ② (5) ③

〈읽기〉
1. (1) 금년 봄에 고등학교를 졸업했기 때문에 선물했습니다.
   (2) 디자인도 멋있고 색깔도 예쁘기 때문에 좋아합니다.
   (3) 작년에 선물했습니다./미국에 가기 전(1년 전)에 선물했습니다.
   (4) 크고 편하기 때문에 자주 사용합니다.

28과

〈듣기〉

1 (1) ① 기차, 1시간　② 택시, 10분　③ 배, 5분
(2) 산책도 할 수 있고 자전거도 탈 수 있어요.

〈읽기〉

1 (1) X　(2) X　(3) X　(4) O

29과

〈듣기〉

1 (1) 학교　(2) 노래방　(3) 커피숍
(4) 서점　(5) 병원

〈읽기〉

1 (1) 동물원도 있고 식물원도 있습니다.
(2) 신촌역에서 지하철 2호선을 타고 사당역에서 내린 후 거기서 4호선으로 갈아탑니다.
(3) 아니요, 사당역에서 멀지 않습니다. 15분쯤 걸립니다.

30과

〈듣기〉

1 (1) ②　(2) ①　(3) ①　(4) ②

〈읽기〉

1 (1) 9호선 선유도역에서 가깝습니다.
(2) 한강에 있습니다.
(3) 가끔 콘서트도 볼 수 있고 카페에서 차도 마실 수 있습니다. 그리고 공원 근처에서 배를 타고 한강을 구경할 수도 있습니다.

聞き取り問題

1과

1 듣고 맞는 글자를 고르십시오.
 (1) 아이 / 아가 / 아파트
 (2) 도시 / 도자기 / 도토리
 (3) 커피 / 모피 / 스피커
 (4) 치즈 / 사이즈 / 비즈니스

2 듣고 맞는 글자를 고르십시오.
 (1) 아   (2) 오   (3) 여   (4) 으
 (5) 오이   (6) 아우   (7) 유아   (8) 여우
 (9) 다   (10) 누   (11) 포   (12) 티
 (13) 기차   (14) 누구   (15) 가지   (16) 파도

2과

1 듣고 맞는 글자를 고르십시오.
 (1) 개나리 / 지우개 / 무지개
 (2) 과자 / 사과 / 다과회
 (3) 교회 / 회의 / 사회자
 (4) 자꾸 / 뻐꾸기 / 꾸러미

2 듣고 맞는 글자를 고르십시오.
 (1) 애   (2) 왜   (3) 와   (4) 위   (5) 궤
 (6) 회   (7) 죄   (8) 걔   (9) 쑤   (10) 까
 (11) 토끼   (12) 지게   (13) 까   (14) 토
 (15) 버   (16) 치

3과

1 듣고 맞는 글자를 고르십시오.
 (1) 국수 / 방송국 / 만국기
 (2) 상품권 / 책상 / 화상전화
 (3) 전시회 / 주전자 / 한국어사전
 (4) 남쪽 / 베트남 / 미남미녀

2 듣고 맞는 글자를 고르십시오.
 (1) 손   (2) 정   (3) 꼭   (4) 꿀   (5) 묵다
 (6) 있다   (7) 밭   (8) 감   (9) 갑이   (10) 방을
 (11) 짐을   (12) 꽃이   (13) 밖이   (14) 좋아
 (15) 옆을   (16) 웃어요

4과

1 누구입니까? 듣고 이름을 쓰십시오.
 (1) 대학생입니다.
 (2) 프랑스 사람입니다.
 (3) 가수입니다.
 (4) 주부입니다.
 (5) 의사입니다.
 (6) 미국 사람입니다.
 (7) 중국 사람입니다.

5과

1 그림을 보고 대화가 맞으면 O, 틀리면 X 하십시오.
 (1) 가 : 이것이 무엇입니까?
     나 : 냉장고입니다.
 (2) 가 : 이것이 무엇입니까?
     나 : 의자입니다.
 (3) 가 : 이것이 무엇입니까?
     나 : 창문입니다.
 (4) 가 : 이것이 무엇입니까?
     나 : 비행기입니다.
 (5) 가 : 택시입니까?
     나 : 아니요, 택시가 아닙니다. 버스입니다.
 (6) 가 : 지갑입니까?
     나 : 아니요, 지갑이 아닙니다. 필통입니다.
 (7) 가 : 신문입니까?
     나 : 아니요, 신문이 아닙니다. 책입니다.
 (8) 가 : 의사입니까?
     나 : 아니요, 의사가 아닙니다. 요리사입니다.

6과

1 누구의 가족사진입니까? 듣고 맞는 번호를 쓰십시오.
 (1) 저는 마리입니다. 제 언니입니다. 우리 부모님입니다.
 (2) 제인입니다. 우리 할머니, 할아버지, 부모님입니다.
 (3) 김영수입니다. 우리 할머니입니다. 부모님입니다. 남동생이 경찰입니다.
 (4) 다나카입니다. 제 아들입니다. 딸입니다. 제 아내입니다.

7과

1 듣고 맞는 번호를 쓰십시오.
(1) 신문을 읽습니다.　　(2) 운동을 합니다.
(3) 텔레비전을 봅니다.　(4) 옷을 입습니다.
(5) 버스를 탑니다.　　　(6) 가방을 삽니다.
(7) 친구를 만납니다.　　(8) 노래를 부릅니다.
(9) 운전을 합니다.

2 듣고 연결하십시오.
(1) 우리 아버지가 운동을 합니다.
(2) 학생들이 한국말을 배웁니다.
(3) 제 동생이 영화를 봅니다.
(4) 김영수 씨가 맥주를 마십니다.
(5) 제가 친구를 기다립니다.

8과

1 듣고 맞는 번호를 쓰십시오.
(1) 잡수십시오.　(2) 기다리십시오.　(3) 입으십시오.
(4) 주무십시오.　(5) 타십시오.　　　(6) 읽으십시오.
(7) 앉으십시오.　(8) 드십시오.

2 듣고 빈칸에 쓰십시오.
우리 집입니다.
아버지께서 일어나십니다.
신문을 읽으십니다.
아침을 잡수십니다.
어머니께서 텔레비전을 보십니다.
운동을 하십니다.
일기를 쓰십니다.
주무십니다.

9과

1 어디에 갑니까? 듣고 맞는 것을 고르십시오.
(1) 가 : 상우 씨, 어디에 갑니까?
　　나 : 과일을 사러 갑니다.
(2) 가 : 사토 씨, 어디에 가십니까?
　　나 : 머리를 자르러 갑니다.
(3) 가 : 이 선생님, 어디에 가십니까?
　　나 : 돈을 찾으러 갑니다.
(4) 가 : 안녕하세요? 어디에 갑니까?
　　나 : 영화를 보러 갑니다.

2 어디입니까? 듣고 맞는 번호를 쓰십시오.
(1) 여기에서 볼펜을 삽니다. 공책을 삽니다.
(2) 여기에서 편지를 부칩니다.
(3) 여기에서 일합니다.
(4) 여기에서 지하철을 탑니다.

10과

1 듣고 맞는 것을 고르십시오.
(1) 내일은 6월 16일입니다.
(2) 우리 회사는 교보빌딩 22층입니다.
(3) 교과서 130페이지를 읽으십시오.
(4) 우리 집은 현대아파트 101동 1107호입니다.

11과

1 듣고 맞으면 O, 틀리면 X 하십시오.
(1) 구두 가게 옆에는 화장품 가게가 있습니다.
(2) 슈퍼마켓 아래에는 주차장이 있습니다.
(3) 스포츠센터 위에는 병원이 있습니다.
(4) 6층에는 화장실이 없습니다.
(5) 3층에는 남자 옷이 있습니다. 아이들 옷도 있습니다.
(6) 세탁기는 5층에서 삽니다.

2 듣고 맞는 번호를 쓰십시오.
저는 상우입니다. 제 앞에 민지 씨가 앉았습니다.
야마다 씨는 민지 씨 왼쪽에, 히로미 씨는 민지 씨 오른쪽에 있습니다.
제 왼쪽에는 앙리 씨가 앉았습니다. 앙리 씨 뒤에는 이리나 씨가 앉았습니다.
이리나 씨 옆에는 리밍 씨가 앉았습니다.

12과

1 듣고 요일을 쓰십시오.
(1) 리밍 씨는 월요일에 학교에서 시험을 봅니다.
(2) 화요일에 영화를 보러 극장에 갑니다.
(3) 수요일에 운동을 합니다.
(4) 목요일에 아르바이트를 합니다.
(5) 일요일에 청소를 합니다.

2 듣고 대답을 쓰십시오.
(1) 10월 10일은 무슨 요일입니까?
(2) 어제는 무엇을 했습니까?
(3) 월요일에 무엇을 했습니까?
(4) 무슨 요일에 약속이 있습니까?
(5) 10월 2일에 무엇을 했습니까?

13과

1 듣고 맞는 것을 고르십시오.
(1) 어제 가방을 샀습니다. 가방이 작고 귀엽습니다.
(2) 우리 교실입니다. 여자가 많습니다. 남자는 적습니다.
(3) 오늘은 8월 1일입니다. 덥습니다.
(4) 이 사람은 제 친구입니다. 키가 크고 멋있습니다.
(5) 회사에서 일을 많이 합니다. 피곤합니다.
(6) 한국말 시험입니다. 시험이 쉽습니다.
(7) 어제 술을 마셨습니다. 머리가 아픕니다.
(8) 그 가게는 친절하고 음식도 맛있습니다.

14과

1 듣고 맞는 것을 고르십시오.
(1) 공책 4권, 볼펜 2개를 샀습니다.
(2) 자동차 5대, 오토바이 3대가 있습니다.
(3) 맥주 4병하고 콜라 2잔 주세요.
(4) 우리 집에는 강아지 2마리하고 고양이 1마리가 있습니다.
(5) 생선 2마리, 그리고 돼지고기 500g을 샀습니다.

2 듣고 빈칸에 쓰십시오.
(1) 교실에 의자가 8개 있습니다.
(2) 콘서트 표를 7장 샀습니다.
(3) 하숙집에 일본 사람이 3명, 중국 사람이 4명 있습니다.
(4) 이 사과는 2,000원에 3개입니다.
(5) 이 술은 한 병에 13,000원입니다.

15과

1 듣고 맞는 것을 고르십시오.
(1) 남 : 순두부찌개가 맵습니까? 김치찌개가 맵습니까?
    여 : 순두부찌개도 맵고 김치찌개도 맵습니다.
    남 : 그럼 저는 된장찌개를 먹겠습니다.
    여 : 저도 된장찌개가 좋습니다.
(2) 여 : 이 집은 뭐가 맛있습니까?
    남 : 만두도 맛있고 칼국수도 맛있습니다.
    여 : 그럼 칼국수도 먹고 만두도 먹읍시다.
    남 : 좋습니다. 여기 칼국수 둘하고 만두 하나요.
(3) 남 : 이리나 씨, 자장면 드시겠습니까?
    여 : 저는 중국 음식을 잘 모릅니다. 자장면이 맛있습니까?

2 듣고 이어지는 대답을 고르십시오.
(1) 남 : 불고기를 드시겠습니까? 갈비를 드시겠습니까?
(2) 남 : 여기는 피자도 맛있고 스파게티도 맛있습니다. 뭘 드시겠습니까?

16과

1 듣고 맞는 번호를 쓰십시오.
(1) 오늘 아침에 7시 50분에 일어났습니다.
(2) 명동에서 2시 반에 약속이 있습니다.
(3) 어제는 11시 5분 전에 집에 갔습니다.

2 듣고 시계에 시간을 표시하십시오.
(1) 내일 12시 반에 전화하십시오.
(2) 9시 10분 전에 영화가 끝났습니다.
(3) 기차가 오후 3시 15분에 출발합니다.

17과

1 이리나 씨의 하루입니다. 듣고 순서대로 번호를 쓰십시오.
저는 아침 6시에 일어납니다. 7시부터 8시까지 조깅을 합니다. 학교에 가기 전에 집에서 라디오로 한국어를 듣습니다. 라디오 한국어는 8시 30분부터 9시까지 합니다. 9시 30분까지 아침 식사를 합니다. 9시 40분에 학원에 갑니다. 10시부터 1시까지 한국어를 공부합니다. 오후에는 일하러 회사에 갑니다. 회사는 보통 7시에 끝납니다. 7시부터 8시까지 요가를 합니다.

18과

1 듣고 순서대로 번호를 쓰십시오.
(1) 어제 오후에 친구하고 쇼핑을 했습니다. 그리고 쇼핑한 후에 커피를 마셨습니다.
(2) 남 : 경복궁에 갑시다.
    여 : 좋습니다. 인사동을 구경한 후에 경복궁에 갑시다.
(3) 2시 반부터 6시까지 수업이 있습니다. 수업하기 전에 밥을 먹겠습니다.
(4) 남 : 어제 밤에 컴퓨터 게임을 했습니다.
    여 : 숙제는 언제 했어요?
    남 : 게임을 하기 전에 했어요.

(5) 여 : 뉴스는 9시에 합니다. 그 드라마는 언제 합니까?
　　남 : 뉴스를 하기 전에 합니다.

19과

1 듣고 맞는 것을 모두 고르십시오.
(1) 남 : 운동을 하십니까?
　　여 : 토요일마다 테니스를 칩니다. 다나카 씨도 테니스를 치십니까?
　　남 : 테니스는 치지 않습니다. 집 근처 공원에서 조깅을 합니다.
(2) 남 : 제 취미는 영화 감상입니다.
　　여 : 저도 영화를 좋아합니다. 그리고 집에서 한국 드라마도 봅니다.
　　남 : 한국 드라마를 봅니까? 저는 듣기가 어렵기 때문에 보지 않습니다.
(3) 남 : 지난 주말에 무엇을 했습니까?
　　여 : 저는 주말마다 자전거를 타러 한강 공원에 갑니다. 지난주에도 갔습니다. 제임스 씨는 무엇을 했습니까?
　　남 : 저는 요즘 날마다 게임을 합니다. 지난 주말에도 집에서 게임을 했습니다.

20과

1 듣고 여자와 남자가 좋아하는 것을 모두 고르십시오.
남 : 이리나 씨는 무슨 음식을 잘 드십니까?
여 : 저는 생선을 자주 먹습니다. 앙리 씨는 뭘 좋아하십니까?
남 : 저는 생선도 좋아하고 고기도 좋아합니다.
여 : 소고기를 많이 먹습니까?
남 : 아니요, 저는 돼지고기를 좋아합니다.

2 듣고 맞으면 O, 틀리면 X 하십시오.
남 : 술을 자주 드십니까?
여 : 아니요, 한 달에 한두 번 마십니다. 상우 씨는 어떻습니까?
남 : 술을 좋아하지만 많이 마시지는 않습니다.
여 : 저도 그렇습니다. 보통 맥주 한두 잔 마십니다.

3 듣고 맞는 것을 고르십시오.
여 : 점심에 삼계탕을 먹으러 갑시다.
남 : 죄송합니다. 저는 삼계탕을 먹지 않습니다.
여 : 닭고기를 안 드십니까?
남 : 아니요, 인삼을 싫어하기 때문에 안 먹습니다.
여 : 그럼 갈비탕은 어떻습니까?
남 : 좋습니다.

21과

1 대화를 듣고 대답하십시오.
제　인 : 마이클 씨는 취미가 뭐예요?
마이클 : 제 취미는 여행이에요.
제　인 : 한국에서도 여행을 하셨어요?
마이클 : 네, 지난달에 제주도에 다녀왔어요.
제　인 : 제주도에서 어디에 가셨어요?
마이클 : 한라산에 갔어요.
　　　　 바람이 많이 불었지만 경치가 정말 좋았어요.
제　인 : 저는 등산이 취미예요. 친구들하고 자주 산에 가요.
마이클 : 저도 가끔 등산을 해요.
제　인 : 그럼, 우리 같이 등산 갑시다. 북한산 어때요?
마이클 : 좋아요. 이번 주말에 갑시다.
제　인 : 산에서 사진도 찍고 김밥도 먹어요.

22과

1 듣고 오늘 한 일의 순서대로 번호를 쓰십시오.
오늘 회사가 끝나고 수영을 하러 갔습니다.
6시 반부터 7시 반까지 수영을 하고 수영장에서 샤워를 했습니다.
수영하기 전에 빵을 먹었지만 배가 고팠습니다.
그래서 밖에서 밥을 먹고 집에 들어갔습니다.
저는 보통 집에서 저녁을 먹고 자기 전에 샤워를 하지만 오늘은 하지 않았습니다.

2 듣고 이어지는 대답으로 맞는 것을 고르십시오.
(1) 남 : 히로미 씨, 오늘 숙제했어요?
　　여 : 아니요, 안 했어요.
　　남 : 그럼 여기서 같이 숙제하고 갈까요?
(2) 남 : 버스를 탈까요? 지하철을 탈까요?
　　여 : 버스가 빠릅니다. 버스를 탑시다.
　　남 : 몇 번 버스를 탈까요?
(3) 남 : 토요일에 같이 놀러 갈까요?
　　여 : 토요일은 약속이 있어요. 일요일에 갑시다.
　　남 : 좋아요. 어디 갈까요?

23과

1 듣고 맞는 번호를 쓰십시오.
저는 한국 음식을 좋아합니다. 김치도 좋아하고 된장찌개도 좋아합니다. 어제는 김치찌개가 먹고 싶었습니다. 제가 집에서 만들려고 했습니다. 하지만 냉장고에 김치가 없었습니다. 그래서 된장찌개를 만들었습니다. 맛이 있었습니다. 오늘 저녁에는 불고기를 만들려고 합니다.

2 듣고 맞으면 O, 틀리면 X 하십시오.
여 : 수업 끝나고 서점에 가려고 해요. 같이 가시겠어요?
남 : 좋아요. 저도 교과서를 사려고 했어요. 제니 씨는 뭘 사려고 해요?
여 : 저는 교과서는 있어요. 사전을 사고 싶어요.

3 듣고 맞는 것을 고르십시오.
남 : 금요일부터 휴가예요.
여 : 그래요? 휴가에 뭘 하려고 합니까?
남 : 집에서 쉬려고 해요.
여 : 가족들하고 여행 안 가세요?
남 : 지난달부터 좀 쉬고 싶었어요. 여행은 겨울에 하려고 해요.

4 듣고 대답을 쓰십시오.
여 : 상우 씨는 운동 안 하세요?
남 : 운동하고 싶지만 시간이 없기 때문에…….
여 : 저는 3월부터 스포츠센터에 다니려고 해요. 상우 씨도 같이 다녀요.
남 : 3월에는 회사 일이 많아요. 저는 4월부터 다니겠습니다.

24과

1 듣고 맞는 것을 고르십시오.
(1) 남 : 부산에 가려고 해요. 1시 표가 있어요?
여 : 1시 표는 없습니다. 1시 30분 표가 있어요.
남 : 그럼, 1시 30분 표 주세요. 얼마예요?
여 : 2만 5천원입니다.
(2) 여 : 마이클 씨, 어디예요?
남 : 지금 지하철로 가고 있어요.
여 : 네, 기다리겠습니다.
(3) 남 : 여기요!
여 : 뭘 드릴까요?
남 : 여기 비빔밥 두 그릇하고 냉면 한 그릇 주세요.

(4) 여 : 여보세요, 거기 서울 호텔입니까?
남 : 네, 서울 호텔입니다.
여 : 이번 주말에 예약할 수 있어요?

25과

1 듣고 맞는 것을 모두 고르십시오.
남 : 제인 씨, 이번 주말에 시간이 있어요?
여 : 미국에서 부모님이 오세요.
부모님하고 명동과 인사동을 구경하고 선물도 사려고 해요.
남 : 그래요? 그럼 다음 주말에 만날 수 있어요?
여 : 다음 주말은 괜찮아요.
남 : 그럼 다음 주말에 여의도 공원에 갈까요?
여 : 네, 좋아요. 거기서 자전거를 탈 수 있어요?
남 : 자전거도 탈 수 있고 인라인스케이트도 탈 수 있어요.
여 : 아, 제가 도시락을 준비할까요?
김밥도 만들 수 있고 샌드위치도 만들 수 있어요. 뭐가 좋으세요?
남 : 둘 다 먹고 싶어요. 자전거하고 인라인스케이트 타고 도시락도 먹읍시다.

2 듣고 다음에 이어지는 대답을 고르십시오.
(1) 여 : 이번 토요일 사토 씨 생일 파티에 올 수 있어요?
남 : 네, 제가 몇 시까지 갈까요?
(2) 여 : 오늘 저녁에 서울축제가 있어요. 마틴 씨는 갈 수 있어요?
남 : 네, 갈 수 있어요. 같이 갈까요?
(3) 여 : 저는 테니스를 좋아하기 때문에 주말마다 테니스를 쳐요.
남 : 저도 테니스를 좋아해요.

26과

1 듣고 대답하십시오.
어제 저녁에 마틴 씨 송별회가 있었어요. 다음 주 화요일에 독일에 가기 때문에 신촌의 맥줏집에서 송별회를 했어요. 송별회를 하기 전에 우리는 초대장도 만들고 선물도 준비했습니다. 우리 반 친구들이 모두 갔어요. 저도 가고 싶었지만 회사에서 정말 바빴기 때문에 못 갔어요. 그래서 저는 어제 마틴 씨에게 전화만 했어요. 한국에서 마틴 씨를 만나지 못하기 때문에 조금 슬퍼요. 마틴 씨가 돌아간 후에 이메일을 보내려고 해요.

만나지는 못하지만 이야기를 할 수 있기 때문이에요.

2 듣고 맞으면 O, 틀리면 X 하십시오.
(1) 여 : 상우 씨는 일본어도 잘하고 중국어도 잘하세요?
    남 : 중국어는 좀 하지만 일본말은 못해요.
(2) 남 : 선생님은 생선회 드세요?
    여 : 옛날에는 못 먹었어요. 하지만 요즘은 아주 좋아해요.
(3) 남 : 어제 친구하고 영화 보셨어요?
    여 : 아니요, 표가 없었어요. 그래서 못 봤어요.

27과

1 누구한테서 무엇을 받았습니까? 듣고 맞는 것끼리 연결하십시오.

어제는 제 생일이었어요. 그래서 친구들과 같이 명동에서 저녁을 먹었어요.
존 씨는 한국 노래 CD를 저에게 선물했어요. 저는 한국 노래를 좋아하기 때문에 기뻤어요. 진영 씨는 시계를 줬어요. 진영 씨의 선물을 보고 친구들이 웃었어요. 제가 자주 늦게 일어나기 때문이에요. 그리고 사이토 씨한테서는 꽃과 케이크를 받았어요.
집에 온 후에 부모님께 축하 전화를 받았어요. 그리고 컴퓨터를 켜고 친구들 이메일을 읽었어요. 고향 친구들한테서 이메일이 많이 왔어요. 선물도 많이 받고 축하 인사도 많이 받았어요.

28과

1 듣고 대답을 쓰십시오.
여 : 다음 주에 친구들하고 남이섬에 가려고 해요.
남 : 남이섬이요? 저는 작년 여름에 갔어요.
여 : 아! 그래요? 어떻게 가셨어요?
남 : 저는 기차로 갔어요. 기차로 서울에서 가평까지 1시간쯤 걸려요.
여 : 가평역에서는 어떻게 가요?
남 : 가평역에서 선착장까지 택시로 10분쯤 간 후 선착장에서 배를 타요. 배로 남이섬까지 5분쯤 걸려요.
여 : 남이섬에서 무엇을 할 수 있어요?
남 : 남이섬은 경치가 아주 아름답기 때문에 산책을 하기가 좋아요. 그리고 친구들과 함께 자전거도 탈 수 있어요.

29과

1 이 사람은 지금 어디를 찾고 있습니까? 듣고 쓰십시오.
(1) 여 : 제가 지금 백화점 앞에 있어요. 어떻게 가요?
    남 : 거기에서 한강 쪽으로 가면 왼쪽에 있어요.
(2) 여 : 3번 출구 앞에 있어요. 어떻게 가요?
    남 : 공원 쪽으로 가세요. 그럼 서점이 있어요. 거기에서 왼쪽으로 가면 공원 옆에 있어요.
(3) 여 : 지금 공원 앞에 있어요. 어떻게 가요?
    남 : 그럼 지하철 역 쪽으로 가세요. 4번 출구 옆에 있어요.
(4) 여 : 지금 4번 출구 앞에 있어요. 어떻게 가요?
    남 : 공원 쪽으로 100미터쯤 걸으면 호프집이 있어요. 그 앞에 있어요.
(5) 여 : 지금 지하철 역에 있어요. 어떻게 가요?
    남 : 3번 출구에서 아주 가깝습니다. 3번 출구로 나오면 있습니다.

30과

1 듣고 대화에 <u>없는</u> 것을 고르십시오.
(1) 가 : 일요일에 보통 뭐 하세요?
    나 : 저는 일요일에 수영하러 가거나 등산을 갑니다.
(2) 가 : 보통 저녁 식사를 어디서 하세요?
    나 : 학교 근처의 식당에서 먹거나 하숙집에서 먹어요.
(3) 가 : 한국어 공부를 어떻게 하고 있어요?
    나 : 혼자서 집에서 책을 읽거나 테이프를 들어요.
(4) 가 : 방학에 보통 뭘 해요?
    나 : 아르바이트를 하거나 친구들과 여행을 가요.

読解 日本語訳

4과　こんにちは。

가：こんにちは。
나：ええ、こんにちは。
가：さようなら。
나：さようなら。
가：さようなら。
나：さようなら。

5과　それは何ですか。

マイケル：それは何ですか。
先生：これは電子辞書です。それも電子辞書ですか。
マイケル：いいえ、電子辞書ではありません。これはカメラです。
先生：あれは何ですか。
マイケル：あれは携帯電話です。

6과　結婚写真

私たちの結婚写真です。
私はキム・スチョルです。会社員です。
この人は私の妻です。看護師です。
この方が私の父です。公務員です。
そしてこの方が私の母です。
中学校の英語教師です。
この方たちが私の妻の両親です。
そしてこの方が妻の祖母です。
この男性は私の兄です。大学教授です。
この子は兄の息子です。

7과　私たちの教室

私たちの教室です。休み時間です。学生たちが休みます。
山田さんがコーヒーを飲みます。リ・ミンさんが新聞を読みます。
ジェニーさんがパンを食べます。
イリナさんが電話をします。
先生がいらっしゃいます。休み時間が終わります。
授業を始めます。

8과　この頃いかがお過ごしですか。

ジソプ：この頃いかがお過ごしですか。
ジェヨン：元気に過ごしています。
ジソプ：ご両親もお元気ですか。
ジェヨン：はい、お元気です。
ジソプ：奥様もお元気ですか。
ジェヨン：はい、元気です。
ジソプ：お子さんたちも元気ですか。
ジェヨン：はい、元気です。

9과　今日はどちらへいらっしゃいますか。

今日はどちらへいらっしゃいますか。
山田さんは映画を観に映画館に行きます。
ジェニーさんは手紙を出しに郵便局に行きます。
リ・ミンさんは勉強しに図書館に行きます。
イリナさんは友だちに会いにシンチョン（新村）に行きます。
アンリさんは電子辞書を買いに電子商店街に行きます。

10과　私の誕生日は

私の誕生日は12月23日です。
私の携帯番号は010-2213-7758です。
私の家の電話番号は776-9984です。
私は地下鉄2号線に乗ります。
私たちの教室は4階の407号です。
私の家はヘンボクアパート102棟1103号です。

11과　私の部屋です。

ここは私の部屋です。
ベッドの横に机があります。
机の上に本があります。
パソコンもあります。
左側に本があります。
右側にパソコンがあります。
かばんが机の下にあります。
鉛筆が引き出しの中にあります。

本の上にも鉛筆があります。
引き出しの中には写真もあります。

12과　日記

3月20日、日曜日　天気　晴れ
今日は友だちのジェニーの誕生日でした。
朝、漢江公園でジェニーに会いました。
そこでテニスをしました。
ミョンドン（明洞）で昼食を食べました。
ピザを食べました。
ビールも飲みました。
午後、明洞で買い物をしました。
そして夜、映画を観に映画館に行きました。
映画がおもしろかったです。

13과　下宿

私たちの下宿はシンチョン（新村）にあります。
地下鉄駅から近くて、きれいです。
ご飯もおいしいし、おばさんも親切です。
私たちは朝食も一緒に食べますし、夕食も一緒に食べます。
食事の時間に話をたくさんします。
うるさいですが、楽しいです。
下宿の住人を紹介します。
スーザンさんは背が高くてきれいです。
山田さんは韓国語が上手です。
声が大きくて、発音がいいです。
イリナさんは静かですが、友だちが多いです。
私たちは韓国での生活が楽しいです。

14과　領収書

```
         ミレマート
ソウル　麻浦区　東橋洞201-1
電話：332-1234
─────────────────────────
  ぶどうジュース   2本     6,800
  チョコレート     2個     1,400
  ビール           3本    10,500
  牛肉           300g    12,000
  鶏              2羽     9,000
─────────────────────────
  合計                  39,700ウォン
```

15과　韓国料理

私は先月韓国に来ました。
韓国は初めてです。
昨日は1人で食堂に行きました。
私は韓国料理の名前をよく知りません。
メニューを読みました。
そして「ピネンククク」を注文しました。
ところが店主のおばさんが笑いました。
それは料理の名前ではありませんでした。
それでカルビタンを注文しました。
カルビタンはとてもおいしかったです。

16과　ユン・サンウさんの1日

ユン・サンウさんの1日です。
今日は7時に起きました。
7時50分に朝食を食べました。
8時30分に会社に着きました。
午前は仕事が多かったです。
10時に会議を始めました。
12時に会議が終わりました。
12時半に昼食を食べました。
午後は顧客に会いました。6時半に退勤しました。

17과　いつですか

私は2002年2月に高校を卒業しました。
そして2002年3月に大学に入学しました。
2006年2月から2007年3月まで日本に留学しました。
そして2007年4月に銀行に就職しました。
銀行で今の妻と出会いました。
2009年7月に結婚しました。

18과　文字メッセージ（ショートメール）

今日の授業後に何をしますか。
一緒にチョンゲチョン
（清渓川）に行きましょう。
5／23 9:00 am
イ・ユニ
010-1234-5678

ごめんなさい。ㅠ.ㅠ今日の午後、友だちと一緒に昼食を

食べてから映画を観ます。夜はどうですか。
5／23 9:10 am
宏美
010-5678-1234

大丈夫です。^^ チョンゲチョン（清渓川）は夜が美しいです。夜に行きましょう。その友だちも一緒に来てください。^^
5／23 9:13 am
イ・ユニ
010-1234-5678

は～い。一緒に行きます。チョンゲチョン（清渓川）で写真も撮りましょう！
5／23 9:15 am
宏美
010-5678-1234

19과　趣味

　私の趣味は料理です。
　私は大学を卒業してから料理をしています。
　卒業前には家族と一緒に住んでいたので、料理を作りませんでした。
　1人で会社の近くに引っ越してから、料理を始めました。
　初めはキムチチゲを作りました。
　おいしくなかったので、私が作りましたが、食べませんでした。
　それで料理の本を買いました。
　本を買ってから、毎週末に料理を作りました。
　料理がとても楽しかったです。
　最近は中華料理とパスタも作ります。
　今日の夕食はシーフード・スパゲッティを作ります。

20과　野球が好きです。

　私は野球が好きです。
　中学校と高校で野球をしました。学校の授業が終わると運動場で毎日練習をしました。
　高校を卒業してからは野球をしませんでしたが、野球場によく行きました。
　私はシカゴに住んでいたので、シカゴのチームを応援しました。
　韓国に来てからも週末には、自宅で野球を見ます。
　テレビで日本の野球も放送しますし、アメリカの野球も放送します。。
　韓国の野球もおもしろいです。
　今週末は韓国野球を観にチャムシル野球場に行きます。

21과　私の故郷は

　私の名前はアンリです。私はフランスから来ました。
　私の故郷はニースです。ニースはフランスの南側にあります。
　皆さん、ニースをご存じですか。お天気がよくて、海があるのでいろいろな国の人々がよく旅行に来ます。
　またニースは毎年2月にお祭りをします。
　そのお祭りが有名です。ニースには博物館もたくさんあります。
　私はこの休暇にニースに行きます。
　皆さんもニースに来てください。

22과　いつ会いましょうか。

　宏美さんは1週間に1度、韓国人の友だちのミンジと一緒に勉強をします。

宏美：来週は、いつ会いましょうか。
ミンジ：火曜日の午前、時間がありますか。
宏美：午前は授業があります。授業が終わって、午後に会いましょう。
ミンジ：ごめんなさい。私は火曜日の午後にアルバイトがあります。水曜日はどうですか。
宏美：水曜日は約束があります。友だちと買い物に行きます。
ミンジ：じゃ、木曜日の午後に会いましょうか。
宏美：はい。木曜日午後2時に会いましょう。勉強してから映画を観に行きましょうか。
ミンジ：いいですよ。映画を観て、夕食も一緒に食べましょう。どこで会いましょうか。
宏美：ミンジさんの学校の前で会いましょう。

23과　私の夢は

ジェニー：宏美さんの夢は何だったんですか。
宏美：私の夢は学校の先生でした。
　　　英語を教えたかったです。ジェニーさんは？
ジェニー：私は高校でテニスをやりました。プロのテニスプレーヤーが夢でした。
宏美：そうですか。私もテニスが好きです。最近でもテニスをしますか。
ジェニー：ええ、時々します。今週末、一緒にしますか。
宏美：はい、そうですね。一緒にしに行きましょう。

24과　もしもし

ナミ：もしもし。そちらはカナタ学院ですか。
キム先生：はい、そうですが。
ナミ：私はナミと申します。イ先生はいらっしゃいますか。
キム先生：少々、お待ちください。

イ先生：もしもし。お電話代わりました。
ナミ：先生、こんにちは。私、ナミです。

フェイ：もしもし。ミジョンさんの携帯じゃありませんか。
トニー：違いますが。何番におかけですか。
フェイ：010-3152-0899番じゃありませんか。
トニー：おかけ間違いです。
フェイ：すみません。

25과　下宿を探しています。

宏美：もしもし、下宿ですか。
おばさん：はい、そうですが。
宏美：こんにちは。私は日本人学生です。下宿を探しています。部屋はありますか。
おばさん：ええ、あります。とてもきれいで快適です。
宏美：下宿では朝ごはんを食べることができますか。
おばさん：朝食と夕食を食べることができます。でも昼食は食べることができません。
宏美：インターネットも使えますか。
おばさん：もちろんです。それと洗濯はできますが、料理をすることができません。
宏美：わかりました。もうちょっと考えてから、また電話します。

26과　招待状

　来週の土曜日は私の誕生日です。
　そこでクラスメートを家に招待して、先生も招待しようと思います。
　私が1人で料理を作りたいですが、料理が下手なので、友だちと一緒に作ろうと思います。
　食事もして、ビールも飲もうと思います。
　食事が終わった後には、私の家の近くのカラオケにも行こうと思います。

> こんにちは。ジェニーです。
> 今週の土曜日は私の誕生日です。
> 私の家で誕生日パーティーをしようと思います。
> クラスメートの全員を招待します。あ、それと先生も招待しました。
> 皆さん、是非いらしてください。~^^
>
> 日にち：10月22日　土曜日　夜6:00
> 場　所：私の家（ノボテル1104号）
> 　　　　（イテウォン駅　1番出口　100メートル）
> 電　話：010-2318-2318

27과　プレゼント

　私の弟は今年の春に高校を卒業しました。
　卒業式の日、私は弟にカードと一緒に時計をプレゼントしました。
　デザインも素敵で、色もきれいなので弟はとても気に入っています。
　それで毎日身につけています。

　このかばんは昨年、アメリカの友だちからもらいました。
　私たちは一緒に韓国語を一生懸命勉強しました。
　友だちは1年前にアメリカに帰りました。
　アメリカに帰る直前に私にこのかばんをプレゼントしました。

このかばんは大きくて便利なので、よく使っています。

28과　シンチョン？シチョン？

私は昨年韓国に来ました。韓国語も勉強して、仕事もしています。

ソウルでは普段、地下鉄で移動します。私は道がよくわからないので、バスには乗りません。

でも今朝は、寝坊をしたので、タクシーに乗りました。

「おじさん、〈시청（シチョン、市庁）〉に行ってください。」

「かしこまりました。」

私はタクシーの中で書類を見ていました。

「お客さん、着きましたよ。」

「おじさん、ここはどこですか。」

「〈신촌（シンチョン、新村）〉です。」

会社が市庁の近くにあるので、私は市庁に行こうとしました。

しかしタクシーで新村に来ました。

私はタクシーの運転手にもう一度説明して市庁まで行きましたが、会社に遅れました。

29과　ソウル大公園にどうやって行きますか。

アンリ：今週末、ソウル大公園に行こうと思います。

イリナ：あ！　私も先月行きました。動物園もあって、植物園もあるので、とても楽しかったです。

アンリ：そうですか。ところでここからどうやって行きますか。

イリナ：地下鉄で行けますよ。「シンチョン（新村）」駅から2号線に乗って「サダン（舎堂）」駅で降りてください。そこから4号線に乗り換えてください。

アンリ：「サダン」駅から遠いですか。

イリナ：いいえ、遠くありません。大体15分くらいかかります。

30과　ソニュド公園

ソニュド（仙遊島）公園を紹介します。

ソニュド公園はバスや地下鉄に乗って行くことができます。

9号線ソニュド公園駅からだいたい10分ほど歩いて行きます。

ソニュド公園は漢江にあるので、景色がとても美しいです。

特に夜景がすばらしいです。

ときどきコンサートを観たり、カフェがあるのでお茶も飲めます。

また公園の近くから船に乗って、漢江を見物することもできます。

単語索引

가

가게	120p	14과
가깝다	112p	13과
가끔	193p	23과
가다	35p	4과
가르치다	49p	6과
가방	96p	11과
가위	232p	28과
가족	161p	19과
간호사	54p	6과
갈비	120p	14과
갈비	125p	15과
갈비탕	129p	15과
갈아타다	241p	29과
감상	176p	21과
값	110p	13과
같이	112p	13과
–개	117p	14과
거기	103p	12과
(시간이) 걸리다	229p	28과
걸어가다	237p	29과
걸어서	249p	30과
걸어오다	229p	28과
겨울	167p	20과
결혼사진	54p	6과
결혼하다	101p	12과
경치	173p	21과
계시다	67p	8과
고기	110p	13과
고등학교	145p	17과
고양이	94p	11과
고향	178p	21과
공무원	54p	6과
공부하다	52p	6과
공연	149p	18과
공원	103p	12과
공책	77p	9과
공항	94p	11과
과일	94p	11과
과장님	199p	24과
광장	151p	18과
괜찮다	153p	18과
교과서	39p	5과
교류	213p	26과
교사	54p	6과
교수	54p	6과
교실	63p	7과
구두	86p	11과
국	127p	15과
귤	110p	14과
그래서	129p	15과
–그램	120p	14과
그런데	129p	15과
그런데요	201p	24과
그럼	125p	15과
그렇다	141p	17과
그리고	54p	6과
그리다	232p	28과
그림	232p	28과
그저께	173p	21과
극장	79p	9과
근무하다	141p	17과
근처	91p	11과
금년	141p	17과
기다리다	61p	7과
기분	239p	29과
기사	234p	28과
길	234p	28과
김	245p	30과
김밥	120p	14과
김치	110p	13과
김치찌개	43p	5과
깨끗하다	110p	13과
꼭	217p	26과
꽃	94p	11과
꿈	193p	23과

끝나다	63p	7과

나

나가다	237p	29과
나오다	183p	22과
날마다	133p	16과
날씨	103p	12과
날짜	217p	26과
남자	52p	6과
남쪽	178p	21과
내다	183p	22과
내리다	94p	11과
냉장고	110p	13과
네	31p	4과
노래	110p	13과
노래방	217p	26과
놀다	120p	14과
놓다	207p	25과
뉴스	135p	16과
늦게	197p	24과
늦다	234p	28과

다

다녀오다	173p	21과
다니다	234p	28과
다리	151p	18과
다음 주	151p	18과
닦다	151p	18과
단어	215p	26과
닫다	207p	25과
-달	143p	17과
달다	117p	14과
달력	43p	5과
닭	122p	14과
담배	77p	9과
-대	120p	14과
대학교	54p	6과
대학생	33p	4과
더	209p	25과
도서관	79p	9과
도착하다	135p	16과
돈	77p	9과
돌아가다	226p	27과
돌아오다	173p	21과
-동	88p	10과
동대문시장	107p	13과
동물원	241p	29과
동생	52p	6과
되다	239p	29과
드시다	101p	12과
듣다	199p	24과
-들	49p	6과
들다	226p	27과
들어가다	151p	18과
등산	191p	23과
디자인	110p	13과
딸	52p	6과
떡볶이	107p	13과
또	249p	30과

라

라면	120p	14과
레스토랑	199p	24과

마

마시다	61p	7과
만나다	52p	6과
만들다	120p	14과
많다	112p	13과
많이	107p	13과
맑음	103p	12과
맛이 없다	110p	13과
맛있다	107p	13과
맞다	199p	24과
매일	59p	7과
맥주	101p	12과

맵다	107p	13과
머리	77p	9과
먹다	52p	6과
멀다	232p	28과
멋있다	110p	13과
메뉴	129p	15과
며칠	86p	10과
모두	217p	26과
모르다	129p	15과
모자	43p	5과
목소리	112p	13과
목요일	176p	21과
목욕하다	199p	24과
문	43p	5과
문방구	77p	9과
문법	213p	26과
문자 메시지	153p	18과
물건	94p	11과
물냉면	125p	15과
물론	209p	25과
뭘	125p	15과
뮤지컬	149p	18과
미국	33p	4과
미안하다	153p	18과
미용실	77p	9과
미터	217p	26과
밀리미터	86p	10과

바

바다	178p	21과
바쁘다	165p	20과
박물관	178p	21과
밖	239p	29과
반	217p	26과
반갑습니다	31p	4과
반지	224p	27과
받다	52p	6과
발	127p	15과
발음	112p	13과
밤	99p	12과
밥	127p	15과
방	43p	5과
방금	197p	24과
배	249p	30과
배가 고프다	125p	15과
백화점	77p	9과
버스	86p	10과
번	83p	10과
번역	189p	23과
번호	83p	10과
보다	52p	6과
보통	133p	16과
복습하다	213p	26과
복잡하다	110p	13과
볼펜	120p	14과
봄	226p	27과
부르다	199p	24과
부모님	54p	6과
부인	71p	8과
부치다	79p	9과
불고기	224p	27과
불편하다	110p	13과
비가 오다	176p	21과
비빔밥	61p	7과
비싸다	110p	13과
비행기	94p	11과
빵	61p	7과

사

사과	110p	13과
사다	52p	6과
사람	31p	4과
사무실	86p	10과
사용하다	224p	27과
사장님	52p	6과
사전	43p	5과

사진	96p	11과
산	135p	16과
살다	120p	14과
삼겹살	167p	20과
3월	141p	17과
샤워	143p	17과
색깔	226p	27과
색연필	232p	28과
샌드위치	183p	22과
생각하다	209p	25과
생선	110p	13과
생선회	181p	22과
생일	88p	10과
생활	112p	13과
서랍	96p	11과
서류	234p	28과
서비스	110p	13과
서점	77p	9과
서울대공원	241p	29과
선물	77p	9과
선생님	33p	4과
선수	193p	23과
선풍기	127p	15과
설명하다	234p	28과.
세탁	209p	25과
소개하다	112p	13과
소파	94p	11과
소포	224p	27과
손	127p	15과
손님	67p	8과
쇠고기	120p	14과
쇼핑하다	94p	11과
수박	110p	13과
수업	63p	7과
수영	77p	9과
수요일	185p	22과
수첩	45p	5과
숙제	59p	7과
순두부찌개	43p	5과
숟가락	232p	28과
쉬는 시간	63p	7과
쉬다	63p	7과
쉽다	110p	13과
슈퍼	94p	11과
스파게티	161p	19과
스포츠센터	199p	24과
시간이 있다	133p	16과
시간	61p	7과
시계	226p	27과
시골	191p	23과
시끄럽다	112p	13과
시원하다	110p	13과
시작하다	63p	7과
시청	91p	11과
시키다	129p	15과
시험	143p	17과
시험을 보다	213p	26과
식당	94p	11과
식물원	241p	29과
식사	103p	12과
신문	101p	12과
신혼여행	247p	30과
싫어하다	167p	20과
싸다	110p	13과
쓰다	69p	8과
-씨	52p	6과
씻다	143p	17과

아

아내	52p	6과
아니요	39p	5과
아닌데요	201p	24과
아들	54p	6과
아래	96p	11과
아르바이트	75p	9과
아름답다	153p	18과

단어	페이지	과
아버지	54p	6과
아이	52p	6과
아주	117p	14과
아주머니	112p	13과
아침	101p	12과
아파트	88p	10과
아프다	151p	18과
안	96p	11과
안내하다	239p	29과
안녕하십니까?	31p	4과
안녕히 계시다	35p	4과
앉다	69p	8과
알겠습니다	209p	25과
알다	120p	14과
야구	169p	20과
야구장	169p	20과
약	143p	17과
약국	77p	9과
약도	205p	25과
약속	133p	16과
양말	120p	14과
양복	167p	20과
어떻게	71p	8과
어머니	52p	6과
어제	101p	12과
언니	127p	15과
얼굴	110p	13과
에어컨	45p	5과
여기	127p	15과
여기요	125p	15과
여기저기	181p	22과
여러	178p	21과
여러분	178p	21과
여름	215p	26과
여보세요	197p	24과
여행	143p	17과
여행사	71p	9과
-역	91p	11과
연락하다	239p	29과
연습하다	69p	8과
연필	61p	7과
열다	120p	14과
열심히	226p	27과
영수증	122p	14과
영어	54p	6과
영화	79p	9과
영화배우	33p	4과
옆	94p	11과
예쁘다	110p	13과
오늘	79p	9과
오다	52p	7과
오른쪽	96p	11과
오빠	127p	15과
오전	135p	16과
오토바이	191p	23과
오후	103p	12과
올해	221p	27과
옷	43p	5과
옷	107p	13과
왜	159p	19과
외국인	213p	26과
왼쪽	96p	11과
요리	157p	19과
요즘	71p	8과
우리	43p	5과
우산	43p	5과
우유	94p	11과
우체국	79p	9과
우표	120p	14과
운동장	169p	20과
운동하다	52p	6과
운동화	110p	13과
운전	167p	20과
웃다	129p	15과
-원	86p	10과
-월	86p	10과

월드컵 경기장	239p	29과
위	96p	11과
유럽	143p	17과
유명하다	178p	21과
유학	145p	17과
은행	77p	9과
은행	91p	11과
음식	129p	15과
음식점	77p	9과
음악	167p	20과
응원하다	169p	20과
의사	33p	4과
이	151p	18과
이름	31p	4과
이메일	224p	27과
이번 주	159p	19과
이분	52p	6과
이사하다	161p	19과
이야기하다	101p	12과
인도	33p	4과
인삼	245p	30과
인터넷	209p	25과
일	137p	16과
일기	103p	12과
일본	31p	4과
일어나다	137p	16과
일요일	99p	12과
-인분	120p	14과
일하다	91p	11과
읽다	52p	6과
입다	61p	7과
입학하다	145p	17과
있다	59p	7과

자

자다	52p	6과
자동차	120p	14과
자르다	77p	9과
자전거	77p	9과
자주	135p	16과
작년	101p	12과
작다	110p	13과
잘	71p	8과
잘	157p	19과
잘못 걸다	197p	24과
잘하다	110p	13과
잠깐만	67p	8과
잡채	167p	20과
장갑	224p	27과
장소	217p	12과
재미있다	103p	12과
저녁	101p	12과
저분	52p	6과
저쪽	183p	22과
전망대	239p	29과
전자사전	45p	5과
전자상가	79p	9과
전화 바꿨습니다	201p	24과
전화하다	52p	6과
점심	77p	9과
정말	157p	19과
제주도	173p	21과
조금	197p	24과
조용하다	112p	13과
졸업	189p	23과
졸업하다	145p	17과
좀	107p	13과
종이	127p	15과
좋다	110p	13과
좋아하다	165p	20과
죄송하다	197p	24과
주다	125p	15과
주말	99p	12과
주무시다	135p	16과
주부	33p	4과
주소	205p	25과

주스	61p	14과
주인 아주머니	129p	15과
-주일	143p	17과
주차장	120p	14과
준비운동	143p	17과
중국	33p	4과
중국집	183p	22과
중학교	54p	6과
즐겁다	112p	13과
지갑	43p	5과
지금	61p	7과
지난달	129p	15과
지난번	159p	19과
지난주	101p	12과
지내다	71p	8과
지우개	43p	5과
지하철	61p	7과
집	77p	9과
쪽	237p	29과
찍다	151p	18과

차

차	167p	20과
차다	226p	27과
창문	207p	25과
찾다	77p	9과
책	39p	5과
책상	43p	5과
처음	129p	15과
처음에	161p	19과
천천히	197p	24과
청소	101p	12과
초대장	217p	26과
초대하다	205p	25과
초등학교	239p	29과
초콜릿	122p	14과
축구	167p	20과
축제	178p	21과

출구	217p	26과
출근	143p	17과
출장	213p	26과
취미	157p	19과
취직하다	143p	17과
-층	86p	10과
치다	103p	27과
치마	61p	7과
친구	43p	5과
친절하다	112p	13과
칠판	43p	5과
침대	96p	11과

카

카드	226p	27과
카메라	43p	5과
카페	213p	26과
커피	43p	5과
컴퓨터	43p	5과
콘서트	249p	30과
콜라	43p	5과
크다	110p	13과
크리스마스	191p	23과
키가 크다	110p	13과

타

타고 오다	229p	28과
타다	61p	7과
탁구	207p	25과
태권도	149p	18과
테니스	103p	12과
텔레비전	61p	7과
퇴근하다	135p	16과
특히	249p	30과
팀	169p	20과

파

파스타	161p	19과

파티	110p	13과
팔다	120p	14과
페스티벌	151p	18과
페이지	143p	17과
편리하다	159p	19과
편의점	120p	14과
편지	79p	27과
편하다	110p	13과
평일	224p	27과
포도	122p	14과
프랑스	43p	5과
프로	193p	23과
피곤하다	167p	20과
피아노	199p	24과
피우다	159p	19과
피자	103p	12과
필리핀	33p	4과

하

하다	59p	7과
하루	137p	16과
하숙집	112p	13과
하지만	234p	28과
학생	43p	5과
학원	49p	6과
한국	33p	4과
한국말	59p	7과
한국어	39p	5과
할머니	54p	6과
해마다	178p	21과
해물	161p	19과
햄버거	199p	240과
형	54p	6과
-호	86p	10과
-호선	88p	10과
혼자	129p	15과
화요일	185p	22과
화장	143p	17과

화장실	94p	11과
환전	77p	9과
회사	77p	10과
회사원	33p	4과
회의	135p	16과
후배	224p	27과
휴가	143p	17과
휴대폰	43p	5과

文法索引

-거나	245p	30과
-겠	125p	15과
-께서	68p	8과
-고	107p	13과
-고	181p	22과
-고 싶다	189p	23과
-고 있다	197p	24과
그런데	206p	25과
그래서	197p	24과
그리고	108p	13과
-기 때문에	157p	19과
-기 전에	141p	17과
누구	49p	6과
'ㄷ'불규칙동사	229p	28과
-도	92p	11과
'ㄹ'불규칙동사・형용사	118p	14과
-마다	134p	16과
-만	222p	27과
몇	84p	10과
무슨	165p	20과
무엇	39p	5과
-부터 -까지	141p	17과
숫자1	83p	10과
숫자2	117p	14과
-(스)ㅂ니다	50p	6과
-(스)ㅂ니까?	50p	6과
시간(-시 -분)	133p	16과
-아/어요	173p	21과
안	165p	20과
-았/었	100p	12과
-와/과	125p	15과
어느	91p	11과
어디	76p	9과
어떻다	108p	13과
언제	99p	12과
-에	75p	9과
-에	91p	11과
-에	99p	12과
-에	118p	14과
-에게(한테)	221p	27과
-에게서(한테서)	221p	27과
-에서	76p	9과
-와/과	125p	15과
-(으)ㄹ까요?	181p	22과
-(으)ㄹ까요?	205p	25과
-(으)ㄹ 수 있다/없다	205p	25과
-(으)러	75p	9과
-(으)려고 하다	189p	23과
-(으)로	230p	28과
-(으)로	237p	29과
-(으)면	237p	29과
-(으)ㅂ시다	149p	18과
'으'불규칙동사・형용사	213p	26과
-(이)나	245p	30과
-(으)시	67p	8과
-(으)십시오	68p	8과
-(으)ㄴ 후에	149p	18과
-은/는	31p	4과
-을/를	59p	7과
-의	40p	6과
-이/가	40p	5과
-이/가 아니다	40p	5과
이/그/저	49p	6과
이것/그것/저것	39p	5과
-이다	31p	4과
저	32p	4과
제	32p	4과
-지만	107p	13과
-지 못하다/못 -	214p	26과
-지 않다	157p	19과
-쯤	230p	28과
-하고	173p	21과

■ 動詞・形容詞活用表　初級1

기본형	-(스)ㅂ니다	-(으)십시오	-(으)ㅂ시다	-았/었습니다	-겠습니다	-아/어요	-(으)ㄹ까요?	-고
가다	갑니다	가십시오	갑시다	갔습니다	가겠습니다	가요	갈까요	가고
가르치다	가르칩니다	가르치십시오	가르칩시다	가르쳤습니다	가르치겠습니다	가르쳐요	가르칠까요	가르치고
계시다	계십니다	계십시오		계셨습니다		계세요	계실까요	계시고
공부하다	공부합니다	공부하십시오	공부합시다	공부했습니다	공부하겠습니다	공부해요	공부할까요	공부하고
괜찮다	괜찮습니다			괜찮았습니다		괜찮아요	괜찮을까요	괜찮고
기다리다	기다립니다	기다리십시오	기다립시다	기다렸습니다	기다리겠습니다	기다려요	기다릴까요	기다리고
깨끗하다	깨끗합니다			깨끗했습니다		깨끗해요	깨끗할까요	깨끗하고
끝나다	끝납니다			끝났습니다	끝나겠습니다	끝나요	끝날까요	끝나고
나가다	나갑니다		나갑시다	나갔습니다	나가겠습니다	나가요	나갈까요	나가고
나오다	나옵니다	나오십시오	나옵시다	나왔습니다	나오겠습니다	나와요	나올까요	나오고
낮다	낮습니다			낮았습니다		낮아요	낮을까요	낮고
내다	냅니다	내십시오	냅시다	냈습니다	내겠습니다	내요	낼까요	내고
내려가다	내려갑니다	내려가십시오	내려갑시다	내려갔습니다	내려가겠습니다	내려가요	내려갈까요	내려가고
내려오다	내려옵니다	내려오십시오	내려옵시다	내려왔습니다	내려오겠습니다	내려와요	내려올까요	내려오고
넓다	넓습니다			넓었습니다		넓어요	넓을까요	넓고
높다	높습니다			높았습니다		높아요	높을까요	높고
다니다	다닙니다	다니십시오	다닙시다	다녔습니다	다니겠습니다	다녀요	다닐까요	다니고
닫다	닫습니다	닫으십시오	닫읍시다	닫았습니다	닫겠습니다	닫아요	닫을까요	닫고
도착하다	도착합니다	도착하십시오	도착합시다	도착했습니다	도착하겠습니다	도착해요	도착할까요	도착하고
들어가다	들어갑니다	들어가십시오	들어갑시다	들어갔습니다	들어가겠습니다	들어가요	들어갈까요	들어가고

기본형	-(스)ㅂ니다	-(으)십시오	-(으)ㅂ시다	-았/었습니다	-겠습니다	-아/어요	-(으)ㄹ까요?	-고
들어오다	들어옵니다	들어오십시오	들어옵시다	들어왔습니다	들어오겠습니다	들어와요	들어올까요	들어오고
마시다	마십니다	마시십시오	마십시다	마셨습니다	마시겠습니다	마셔요	마실까요	마시고
만나다	만납니다	만나십시오	만납시다	만났습니다	만나겠습니다	만나요	만날까요	만나고
많다	많습니다			많았습니다		많아요	많을까요	많고
맛없다	맛없습니다			맛없었습니다		맛없어요	맛없을까요	맛없고
맛있다	맛있습니다			맛있었습니다		맛있어요	맛있을까요	맛있고
먹다	먹습니다	잡수십시오	먹읍시다	먹었습니다	먹겠습니다	먹어요	먹을까요	먹고
바꾸다	바꿉니다	바꾸십시오	바꿉시다	바꿨습니다	바꾸겠습니다	바꿔요	바꿀까요	바꾸고
받다	받습니다	받으십시오	받읍시다	받았습니다	받겠습니다	받아요	받을까요	받고
배우다	배웁니다	배우십시오	배웁시다	배웠습니다	배우겠습니다	배워요	배울까요	배우고
보다	봅니다	보십시오	봅시다	봤습니다	보겠습니다	봐요	볼까요	보고
불편하다	불편합니다			불편했습니다		불편해요	불편할까요	불편하고
비싸다	비쌉니다			비쌌습니다		비싸요	비쌀까요	비싸고
사다	삽니다	사십시오	삽시다	샀습니다	사겠습니다	사요	살까요	사고
사랑하다	사랑합니다	사랑하십시오	사랑합시다	사랑했습니다	사랑하겠습니다	사랑해요	사랑할까요	사랑하고
숙제하다	숙제합니다	숙제하십시오	숙제합시다	숙제했습니다	숙제하겠습니다	숙제해요	숙제할까요	숙제하고
쉬다	쉽니다	쉬십시오	쉽시다	쉬었습니다	쉬겠습니다	쉬어요	쉴까요	쉬고
시작하다	시작합니다	시작하십시오	시작합시다	시작했습니다	시작하겠습니다	시작해요	시작할까요	시작하고
싫다	싫습니다			싫었습니다		싫어요	싫을까요	싫고
싫어하다	싫어합니다			싫어했습니다	싫어하겠습니다	싫어해요	싫어할까요	싫어하고

기본형	-(스)ㅂ니다	-(으)십시오	-(으)ㅂ시다	-았/었습니다	-겠습니다	-아/어요	-(으)ㄹ까요?	-고
싸다	쌉니다			쌌습니다		싸요	쌀까요	싸고
아니다	아닙니다			아니었습니다		아니에요	아닐까요	아니고
앉다	앉습니다	앉으십시오	앉읍시다	앉았습니다	앉겠습니다	앉아요	앉을까요	앉고
없다	없습니다			없었습니다		없어요	없을까요	없고
오다	옵니다	오십시오	옵시다	왔습니다	오겠습니다	와요	올까요	오고
올라가다	올라갑니다	올라가십시오	올라갑시다	올라갔습니다	올라가겠습니다	올라가요	올라갈까요	올라가고
외우다	외웁니다	외우십시오	외웁시다	외웠습니다	외우겠습니다	외워요	외울까요	외우고
운동하다	운동합니다	운동하십시오	운동합시다	운동했습니다	운동하겠습니다	운동해요	운동할까요	운동하고
웃다	웃습니다	웃으십시오	웃읍시다	웃었습니다	웃겠습니다	웃어요	웃을까요	웃고
이다	입니다			이었습니다/였습니다		이에요/예요	일까요	이고
이야기하다	이야기합니다	이야기하십시오	이야기합시다	이야기했습니다	이야기하겠습니다	이야기해요	이야기할까요	이야기하고
인사하다	인사합니다	인사하십시오	인사합시다	인사했습니다	인사하겠습니다	인사해요	인사할까요	인사하고
일어나다	일어납니다	일어나십시오	일어납시다	일어났습니다	일어나겠습니다	일어나요	일어날까요	일어나고
읽다	읽습니다	읽으십시오	읽읍시다	읽었습니다	읽겠습니다	읽어요	읽을까요	읽고
입다	입습니다	입으십시오	입읍시다	입었습니다	입겠습니다	입어요	입을까요	입고
있다	있습니다	계십시오	있읍시다	있었습니다	있겠습니다	있어요	있을까요	있고
자다	잡니다	주무십시오	잡시다	잤습니다	자겠습니다	자요	잘까요	자고
작다	작습니다			작았습니다		작아요	작을까요	작고
재미없다	재미없습니다			재미없었습니다		재미없어요	재미없을까요	재미없고
재미있다	재미있습니다			재미있었습니다		재미있어요	재미있을까요	재미있고

기본형	-(스)ㅂ니다	-(으)십시오	-(으)ㅂ시다	-았/었습니다	-겠습니다	-아/어요	-(으)ㄹ까요?	-고
적다	적습니다			적었습니다		적어요	적을까요	적고
전화하다	전화합니다	전화하십시오	전화합시다	전화했습니다	전화하겠습니다	전화해요	전화할까요	전화하고
좁다	좁습니다			좁았습니다		좁아요	좁을까요	좁고
좋다	좋습니다			좋았습니다		좋아요		좋고
좋아하다	좋아합니다			좋아했습니다		좋아해요	좋아할까요	좋아하고
지내다	지냅니다	지내십시오	지냅시다	지냈습니다	지내겠습니다	지내요	지낼까요	지내고
질문하다	질문합니다	질문하십시오	질문합시다	질문했습니다	질문하겠습니다	질문해요	질문할까요	질문하고
짧다	짧습니다			짧았습니다		짧아요	짧을까요	짧고
출발하다	출발합니다	출발하십시오	출발합시다	출발했습니다	출발하겠습니다	출발해요	출발할까요	출발하고
친절하다	친절합니다			친절했습니다		친절해요	친절할까요	친절하고
타다	탑니다	타십시오	탑시다	탔습니다	타겠습니다	타요	탈까요	타고
피곤하다	피곤합니다			피곤했습니다		피곤해요	피곤할까요	피곤하고
하다	합니다	하십시오	합시다	했습니다	하겠습니다	해요	할까요	하고

■不規則動詞・形容詞活用表　初級1

	기본형	-(스)ㅂ니다	-(으)십시오	-(으)ㅂ시다	-았/었습니다	-아/어요	-(으)세요?	-고
'ㅡ' 불규칙 동사	고프다	고픕니다			고팠습니다	고파요	고프세요	고프고
	기쁘다	기쁩니다			기뻤습니다	기뻐요	기쁘세요	기쁘고
	끄다	끕니다	끄십시오	끕시다	껐습니다	꺼요	끄세요	끄고
	나쁘다	나쁩니다			나빴습니다	나빠요	나쁘세요	나쁘고
	바쁘다	바쁩니다			바빴습니다	바빠요	바쁘세요	바쁘고
	쓰다	씁니다	쓰십시오	씁시다	썼습니다	써요	쓰세요	쓰고
	아프다	아픕니다			아팠습니다	아파요	아프세요	아프고
	예쁘다	예쁩니다			예뻤습니다	예뻐요	예쁘세요	예쁘고
	크다	큽니다			컸습니다	커요	크세요	크고
'ㄹ' 불규칙 동사	걸다	겁니다	거십시오	겁시다	걸었습니다	걸어요	거세요	걸고
	길다	깁니다			길었습니다	길어요	기세요	길고
	놀다	놉니다	노십시오	놉시다	놀았습니다	놀아요	노세요	놀고
	달다	답니다			달았습니다	달아요	다세요	달고
	들다	듭니다	드십시오	듭시다	들었습니다	들어요	드세요	들고
	만들다	만듭니다	만드십시오	만듭시다	만들었습니다	만들어요	만드세요	만들고
	멀다	멉니다			멀었습니다	멀어요	머세요	멀고
	살다	삽니다	사십시오	삽시다	살았습니다	살아요	사세요	살고
	알다	압니다	아십시오	압시다	알았습니다	알아요	아세요	알고
	열다	엽니다	여십시오	엽시다	열었습니다	열어요	여세요	열고
	팔다	팝니다	파십시오	팝시다	팔았습니다	팔아요	파세요	팔고

	기본형	-(스)ㅂ니다	-(으)십시오	-(으)ㅂ시다	-았/었습니다	-아/어요	-(으)세요?	-고
'ㅂ' 불규칙 동사	가깝다	가깝습니다			가까웠습니다	가까워요	가까우세요	가깝고
	고맙다	고맙습니다			고마웠습니다	고마워요	고마우세요	고맙고
	귀엽다	귀엽습니다			귀여웠습니다	귀여워요	귀여우세요	귀엽고
	덥다	덥습니다			더웠습니다	더워요	더우세요	덥고
	맵다	맵습니다			매웠습니다	매워요	매우세요	맵고
	쉽다	쉽습니다			쉬웠습니다	쉬워요	쉬우세요	쉽고
	어렵다	어렵습니다			어려웠습니다	어려워요	어려우세요	어렵고
	즐겁다	즐겁습니다			즐거웠습니다	즐거워요	즐거우세요	즐겁고
	춥다	춥습니다			추웠습니다	추워요	추우세요	춥고
'ㄷ' 불규칙 동사	걷다	걷습니다	걸으십시오	걸읍시다	걸었습니다	걸어요	걸으세요	걷고
	듣다	듣습니다	들으십시오	들읍시다	들었습니다	들어요	들으세요	듣고
	묻다	묻습니다	물으십시오	물읍시다	물었습니다	물어요	물으세요	묻고

著者
カナタ韓国語学院

1991年設立の韓国内初の韓国語専門学院。韓国語教育および教材開発に特化している。
URL:http://www.ganadakorean.com
e-mail:ganada@ganadakorean.com
TEL. +82-2-332-6003

本書は『New 가나다KOREAN for Japanese 初級1』(2010年、初版)の日本語部分に手を加えたものです。

『New 가나다KOREAN for Japanese』は『가나다KOREAN for Japanese』の改訂版です。

付属のCD-ROMにはMP3形式の音声が収められています。

カナタKOREAN 初級1

2013年5月20日　初版第1刷発行
2024年3月31日　初版第10刷発行

著　者　カナタ韓国語学院
発行者　佐　藤　今　朝　夫

〒174-0056　東京都板橋区志村1-13-15
発行所　株式会社　国書刊行会
TEL.03 (5970) 7421 (代表)　FAX.03 (5970) 7427
http://www.kokusho.co.jp

制作：LanguagePLUS (HangeulPARK)
　　　http://www.sisabooks.com/hangeul
日本語校正：株式会社アイ・ビーンズ
装幀：OKAPPA DESIGN
ISBN 978-4-336-05677-1

New 가나다KOREAN for Japanese 初級1
Copyright©2010 GANADA KOREAN LANGUAGE INSTITUTE
Originally published by LanguagePLUS (HangeulPARK), Seoul in 2010

落丁本・乱丁本はお取り替えいたします。